黄山夏季脊椎动物
野外实习指导

HUANGSHAN XIAJI
JIZHUI DONGWU
YEWAI SHIXI ZHIDAO

吴孝兵 鲁长虎◆主编

安徽人民出版社

图书在版编目(CIP)数据

黄山夏季脊椎动物野外实习指导 / 吴孝兵，鲁长虎 主编. —合肥：安徽人民出版社，2008.4(2020.1重印)

ISBN 978-7-212-03184-8

Ⅰ.黄… Ⅱ.①吴… ②鲁… Ⅲ.黄山—脊椎动物门—教育实习—高等学校—教学参考资料 Ⅳ.Q959.3

中国版本图书馆 CIP 数据核字（2008）第 045893 号

黄山夏季脊椎动物野外实习指导

吴孝兵　鲁长虎　主编

出版发行：安徽人民出版社
地　　址：合肥市政务文化新区圣泉路 1118 号出版传媒大厦 8 楼
发 行 部：0551-3533258 3533268 3533292（传真）　邮编：230071
组　　编：安徽师范大学编辑部　电话：0553-3883578 3883579
经　　销：新华书店
印　　制：苏州市古得堡数码印刷有限公司
开　　本：787×960　1/16　印张：10.25　字数：153 千
版　　次：2008 年 5 月第 1 版　2020 年 1 月第 2 次印刷
标准书号：ISBN 978-7-212-03184-8
定　　价：16.00 元

安徽师范大学教材建设基金资助项目

《黄山夏季脊椎动物野外实习指导》编委会

主　编：吴孝兵　鲁长虎

副主编（以姓氏笔划为序）：

吴海龙　张　方　晏　鹏　鲍毅新

编　委（以姓氏笔划为序）：

王　松　华兴宏　严云志　吴孝兵　吴海龙

张　方　汪贻洋　金显文　唐鑫生　晏　鹏

顾长明　鲁长虎　鲍毅新

内容简介

本书共为 6 章，主要立足于黄山及皖南山地，其内容包括黄山夏季野外实习的准备工作及脊椎动物的鱼类、两栖类、爬行类、鸟类及哺乳类动物的主要形态分类依据、动物的标本采集、鉴定、保存及标本制作方法等基础知识；介绍了各类群动物的分类概况及实习过程中的基本生态学研究方法。通过野外实践，使学生掌握脊椎动物的观察和识别、标本采集、鉴定分类及进行动物生态学研究的基本方法。

本书是生物科学及相关专业师生在黄山及皖南山地进行脊椎动物野外实习的教科书（也可为其他地区的实习提供参考），也可作为研究生、有关科研人员、皖南地区各自然保护区管理人员和中学生物教师指导中学生物素质教育的重要参考书。

前言

脊椎动物学野外实习是培养学生实践能力的重要环节，与脊椎动物学课程相得益彰。我们在教授脊椎动物学理论课程时发现，仅仅依靠课本和标本，难以从有机体与生存环境统一的角度来认识生物体。脊椎动物学野外实习可使学生通过如何实施野外观察、在野外如何识别常见脊椎动物种类及采集技巧等基本技能的训练，从而理解动物有机体与生存环境的统一，并了解脊椎动物的动物区系和生态学科学研究工作的基本方法。

黄山地处北亚热带，位于安徽省南部，西南与江西省的景德镇市、婺源县为邻，东南与浙江省的开化县、淳安县、临安县交界；湿润性季风气候使得辖区温和多雨、四季分明。得天独厚的自然条件蕴孕着丰富的动植物资源，如除了溪流鱼类及蛙类种类众多外，尚有不少国家级保护物种如脊椎动物短尾猴、猕猴、白颈长尾鸡、云豹和黑麂等。黄山已成为国内外学者和与生物学专业相关的学生前来进行专业研究或课程实习的理想场所，并在我国生物学、林学及中药资源学等专业的人才培养过程中发挥了重要的作用。但迄今为止，各高校均以自编的野外实习手册作为实习指导用书，尚无一本关于黄山地区脊椎动物学野外实习指导的出版教材。

自上世纪 70 年代末、80 年代初建立黄山脊椎动物学课程的野外实习基地至今，安徽师范大学生物学专业脊椎动物学的前辈们为构建黄山脊椎动物学野外实习的内容体系及培养脊椎动物学青年才俊做出了卓越的贡献。经过两代人近 30 多年的共同努力，在长期的野外实习过程中，在获得大量的第一手资料、积累宝贵的脊椎动物学野外实习经验的基础上，形成了现今黄山夏季脊椎动物学野外实习内容体系。作为一项培养综合实践技能的工作，脊椎动物学的野外实习涉及的内容较为广泛。早先的脊椎动物学野外实习更多地侧重脊椎动物分类学的基本理论、分类体系及标本制作；如今，各高校野外实习的时间明显缩短且实习内容主要以脊椎动物的野外识别为主，了解动物生态学研究的基本方法，加强生态与物种保护的意识等。在这种新形势下，为适应脊椎动物学野外实习教学内容的新变化，我们会同兄弟院校具有丰富野外实习教学工作经验的专家和老师编写并正式出版了这本野外实习指导用书。

本书的编写分工是：前言部分由安徽师范大学吴孝兵教授撰写；第一章由淮北煤炭师范学院金显文讲师和安徽师范大学吴孝兵编写，第二章由黄山学院唐鑫生副教授和安徽师范大学严云志副教授编写，第三章由安徽师范大学晏鹏博士和安徽科技学院王松副教授编写，第四章由安徽师范大学张方副教授和吴孝兵编写，第五章由南京林业大学鲁长虎教授和安徽师范大学吴海龙副教授编写，第六章由浙江师范大学鲍毅新教授和安徽师范大学吴海龙副教授编写，安徽省自然保护管理站顾长明高级工程师和宁国市兴宏工艺标本有限公司华兴宏参加有关动物标本制作方面内容的编写，安徽师范大学汪贻洋老师参加了本书的图板制作。全书由吴孝兵和鲁长虎统一审改并定稿。

全书在编写、出版过程中，得到了安徽师范大学各级领导及相关师生、各编委单位的大力支持与帮助，在此表示衷心的感谢！由于时间紧迫，加之水平所限，书中遗漏甚至不当之处在所难免，敬请广大读者和同行专家提出宝贵意见以便修订完善。

吴孝兵

2008 年 3 月 18 日

目　录

前　言 …………………………………………………………………… 1

第一章　黄山夏季野外实习的准备工作 …………………………… 1

1　黄山地理位置及自然资源状况 …………………………………… 1

1.1 地理位置 ………………………………………………………… 1

1.2 地貌特征 ………………………………………………………… 2

1.3 区域气候基本特征和主要气候要素 …………………………… 2

1.4 水资源现状 ……………………………………………………… 2

1.5 生物资源与自然保护区 ………………………………………… 3

2　动物学野外实习的意义 …………………………………………… 4

3　野外生存知识 ……………………………………………………… 4

3.1 辨别方向 ………………………………………………………… 4

3.2 野外穿着、负重行进知识 ………………………………………… 6

3.3 野外防护 ………………………………………………………… 6

3.4 突发事件的处理 ………………………………………………… 7

4　野外实习前的准备 ………………………………………………… 8

5　野外实习的纪律及注意事项 ……………………………………… 9

5.1 实习用品的保管 ………………………………………………… 9

5.2 科学的组织管理 ………………………………………………… 9

5.3 安全防护 ………………………………………………………… 9

5.4 野外实习道德 …………………………………………………… 10

5.5 互助 ……………………………………………………………… 10

6　野外实习内容安排 ………………………………………………… 10

6.1 实习工作日程 …………………………………………………… 10

6.2 实习工作内容 …… 11

第二章　鱼　类 …… 12

1　主要形态分类依据 …… 12

2　野外采集及调查方法 …… 14

2.1 鱼类采集及调查方法 …… 14

2.2 鱼类的测量和记录方法 …… 15

3 分类检索方法 …… 16

3.1 长江水系常见淡水鱼类检索表 …… 16

3.2 山溪常见鱼类检索表 …… 23

4　黄山地区淡水鱼类 …… 25

第三章　两栖类 …… 29

1　两栖类主要度量及分类依据 …… 29

1.1 无尾两栖动物 …… 29

1.2 有尾两栖动物 …… 33

2　野外采集及调查方法 …… 33

2.1 两栖类的活动规律 …… 33

2.2 两栖类生活的环境 …… 34

2.3 两栖类标本的采集 …… 35

2.4 两栖类标本的制作及保存 …… 35

3　常见两栖动物检索表 …… 36

第四章　爬行类 …… 40

1　主要的形态学分类依据 …… 40

1.1 龟鳖目(Testudinata) …… 40

1.2 蜥蜴目(Lacertilia) …… 42

1.3 蛇目(Serpentiformes) …… 43

2　野外采集及调查方法 …… 46

2.1 蛇类的捕捉工具 …… 46

2.2 蛇类的采集 …… 47

2.3 蜥蜴类的采集 …… 48

2.4 龟鳖类的采集 …… 48

3 爬行类各分目、科、种的特征及检索方法 …… 49
3.1 爬行类分目检索 …… 49
3.2 龟鳖目 Testuoformes 分科检索 …… 49
3.3 蜥蜴目 Lacertiformes 分科检索 …… 50
3.4 蛇目 Serpentiformes 分科检索 …… 52
第五章 鸟类 …… 57
1 主要形态分类依据 …… 57
1.1 头部 …… 57
1.2 颈部 …… 60
1.3 躯干 …… 60
1.4 嘴 …… 61
1.5 翼或翅 …… 63
1.6 尾 …… 65
1.7 腿和脚 …… 66
1.8 羽毛 …… 67
1.9 量度 …… 69
2 鸟类野外采集、标本制作 …… 69
2.1 鸟类野外采集 …… 69
2.2 鸟类标本制作 …… 71
3 鸟类野外数量调查方法 …… 78
3.1 路线统计法 …… 79
3.2 样方统计法 …… 80
3.3 线点统计法 …… 81
3.4 频率指数估计法 …… 81
3.5 条带统计法 …… 82
3.6 垂矩统计法 …… 82
3.7 固定半径样圆法 …… 83
4 鸟类分类检索和识别 …… 84
4.1 鸟类分类检索 …… 84
4.2 野外常见种类识别 …… 89

第六章 哺乳类 …… 101
1 主要形态分类依据 …… 101
1.1 直接观察 …… 101
1.2 活动痕迹的识别 …… 102
1.3 兽类的洞和巢 …… 106
2 哺乳类野外采集和测量 …… 107
2.1 哺乳类野外采集 …… 107
2.2 哺乳类身体测量 …… 108
3 哺乳类标本制作 …… 111
3.1 材料的选择和处理 …… 111
3.2 测量和记录 …… 112
3.3 动物毛皮的剥离 …… 112
3.4 防腐和防腐剂 …… 113
3.5 兽类标本填装法 …… 114
3.6 标本的保存 …… 120
4 哺乳类野外调查方法 …… 120
4.1 兽类数量的调查 …… 120
4.2 兽类食性的调查 …… 127
4.3 兽类繁殖的调查 …… 130
4.4 年龄鉴别方法及种群年龄组成的研究 …… 133
5 哺乳类分类检索 …… 135
5.1 中国哺乳动物目别检索 …… 135
5.2 食虫目 Insectivora 分科检索表 …… 136
5.3 翼手目 Chiroptera 分科检索表 …… 136
5.4 灵长目 Primates 分科检索表 …… 136
5.5 食肉目 Carnivora 分科检索表 …… 137
5.6 偶蹄目 Artiodactyla 分科检索表 …… 137
5.7 兔形目 Lagomorpha 分科检索表 …… 137
5.8 啮齿目 Rodentia 分科检索表 …… 138
6 野外常见种类识别 …… 139

6.1 食虫目 …… 139
6.2 翼手目 …… 140
6.3 灵长目 …… 140
6.4 鳞甲目 …… 140
6.5 兔形目 …… 140
6.6 啮齿目 …… 141
6.7 食肉目 …… 141
6.8 偶蹄目 …… 141
主要参考文献 …… 142
附录:国家重点保护野生动物名录 …… 143

第一章　黄山夏季野外实习的准备工作

1　黄山地理位置及自然资源状况

1.1 地理位置

黄山位于安徽省最南端，介于东经 117° 2′ —118° 58′ 与北纬 29° 24′ —30° 31′ 之间。东北与宣城市的绩溪县、旌德县、泾县相接；西北与池州市的青阳县、石台县、东至县毗连；西南与江西省的景德镇市、婺源县为邻；东南与浙江省的开化县、淳安县、临安县交界。最东点在歙县竹铺乡东南端，最西点在祁门县新安乡西端，东西长 164.14 公里，最南点在休宁县岭南乡莲花峰，最北点在黄山区新丰乡北端，南北宽 123.35 公里，面积 980700 公顷。黄山市地理位置图见图 1—1。野外实习地点在黄山区汤口镇。

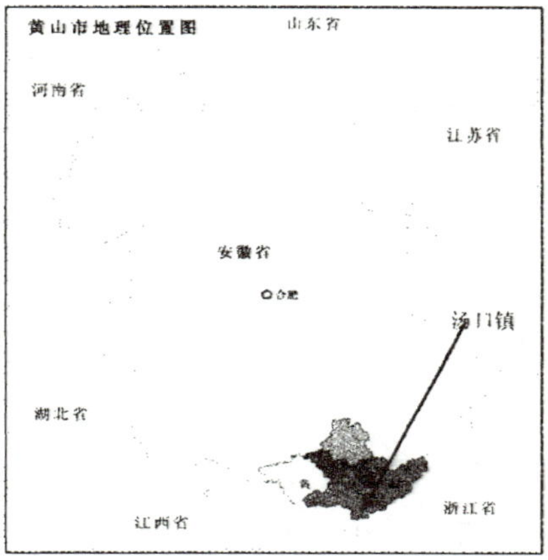

图 1—1　黄山的地理位置

1.2 地貌特征

黄山地区山峦叠嶂，地势高耸，以山地地貌为主，丘陵、盆地居次。山地在地貌类型上以构造剥蚀为主，海拔高度一般在 500—1000 米，1000 米以上的峰岭有上百座，最高峰海拔可达 1800 米以上。山系之间错落排列着大小河谷和盆地，盆地内丘陵广布，地貌特征以沉积为主。

1.3 区域气候基本特征和主要气候要素

黄山地处中亚热带，属于湿润性季风气候，具有温和多雨，四季分明的特征，气候条件优越，比较适合喜凉、喜温植物的生长，对农作物生长有利。降水丰富，但时空分布不均，梅雨期降水集中，易造成洪涝灾害，秋冬季降水较少，旱灾时有发生，对生产和生活造成不良影响。

主要气候要素见表 1–1：

表 1–1　黄山市主要气候要素

年平均温度	15—16 ℃
极端最高气温	41.3℃
极端最低气温	—16℃
年均降水量	1700 mm
年均日照时数	1731—1972 h
年均太阳热量	105.6—113.2 千卡 /cm^2
无霜期	236 d
降水集中月份	5—8 月（汛期）

1.4 水资源现状

黄山是新安江、青弋江源头地区，境内主要有新安江、青弋江、阊江三大水系。黄山山脉将黄山市分割为南北两坡，南坡流域面积大于北坡，南坡有流向东南钱塘江流域的新安江水系和流向西南方向鄱阳湖流域的阊江水系，北部有流入长江的青弋江、秋浦河两大水系。新安江是全市的主要河流，水资源总量充沛。但年降水量很不均匀，丰、枯水季节水量差异大，枯水季节部分河流几乎断流，境内存在季节性缺水情况。

1.5 生物资源与自然保护区

黄山具有优越自然条件，蕴孕着丰富的生物资源。黄山市有林地总面积730846公顷，约占全省的21%，森林覆盖率为75.3%，活立木总蓄积量为2741万立方米，毛竹约5000万根，年产茶叶1.72万吨，是华东重要的木材产地和著名的茶叶产区。

自然植被主要有松、杉、栎、杜鹃、蕨类等，具有中亚热带群落特征，属常绿落叶林和山地常绿阔叶林与落叶混交林植被带。自然分布和引种培育的树种，共有1104种，金钱松，南方铁彬，银杏，香果树，红楠，花榈木等被列为省级、国家级重点保护的珍贵树种；野生中药材有近700种，其中珍稀药材17种，大宗地道药材47种。人工植被主要有茶、果、毛竹、杉等经济作物和林木。秀美的山水孕育了丰富多样的动物种类，黄山市分布的野生脊椎动物有429种，占全省的66%，被列为国家重点保护的近30种，境内各种珍禽鸟类211余种，兽类48种，爬行类38种，两栖类20种，其中列为国家一、二级保护动物28种，省级保护动物60余种。

境内已经建立自然保护区8个，风景名胜区3个，国家森林公园3处，总面积93585公顷，占市国土总面积的9.6%。美丽的自然生态环境和丰富的生物多样性资源而成为国内外各高校的不同专业进行专业实习的理想场所。

表1—2　黄山地区自然保护区概况

保护区名称	级别	类型	行政区域	总面积(hm^2)
祁门牯牛降自然保护区	国家级	森林生态	祁门县赤岭乡	3346
祁门县查湾自然保护区	省级	森林生态	祁门县查湾乡	1600
黟县五溪山自然保护区	省级	森林生态	黟县	4050
休宁县岭南自然保护区	省级	森林生态	休宁县岭南乡	2771
歙县清凉峰自然保护区	省级	森林生态	歙县竹铺乡	1038
黄山九龙峰自然保护区	省级	森林生态	黄山区贤村乡	2720
黄山十里山自然保护区	省级	森林生态	黄山区甘棠镇	1939.6
徽州区天湖自然保护区	省级	森林生态	徽州区富溪乡	4500

2　动物学野外实习的意义

动物学作为生命科学的专业基础课，由课堂教学、实验教学和野外实习三个重要环节组成。动物学野外实习是课堂教学与实践相联系的必要方式和重要环节，对激发学生学习生物学的积极性、树立辨证唯物主义世界观有特殊重要的意义。

通过野外实习可以使学生进一步掌握动物的形态特征、生活习性，观察和了解不同生境类型中的主要生态类群和动物行为，分析探讨动物在大自然中的地位、功能作用及其与环境间的关系；掌握动物采集、标本的制作处理和保存方法，充实动物分类的理论知识，学会各类动物的基本鉴定方法。巩固课堂学习知识，培养了学生观察、分析和解决问题的能力，是对理论知识的检验、补充拓展及深化。

通过野外实习还可以培养学生吃苦耐劳的品质，增强学生、师生之间的团结协作的团队精神，积累野外工作经验和提高学生野外生存的能力。为今后的从事动物学教学和科研工作打下良好的基础。

通过野外实习，为学生提供走进自然、观察自然、认识自然的机会，增强了学生热爱大自然和保护动物资源保护生物多样性的意识，能激发并培养学生对动物学科学研究的兴趣和构建善待自然、人与自然和谐共处的理念。

总之，短暂的野外实习，对生物科学专业的学生来说，有着不可替代的重要作用。

3　野外生存知识

走出城市的喧嚣，到野外同大自然亲和、拥抱，具有一些野外生存的知识是必不可少的。下面简单介绍一下，仅供参考：

3.1 辨别方向

在野外活动，为防止迷路，正确地判定所在位置和方向，必须掌握定位和测向方法。在自然界，某些动物具有辨别方向的本能，如鸽子。人类的某些成员也具备这种能力，但绝大多数人不具备，或者只有这种潜能，因此野外确定方向主要依靠经验和工具。野外判定方向和位置的方法有许多，这里介绍几种常见的方法。

3.1.1 利用罗盘（指北针）

首先把罗盘或指北针水平放置使气泡居中，此时磁针静止后，其标有“N”的黑一端所指的便是北方。除了测出正北方向外，罗盘或指北针还可以测出某一目标的具体方位，方法是开罗盘将照准器对准目标，或将刻度盘上的 0 刻度对准目标，使目标、0 刻度和磁中点在同一直线上，罗盘水平静止后，N 端所指的刻度便是测量点至目标的方位，如磁针 N 端指向 36°，则目标在测量位置的北偏东 36°。

利用罗盘或指北针辨别方向虽然简单快捷，但需要注意：尽量保持罗盘水平；不要离磁性物质太近；勿将磁针的 S 端误作北方，造 180° 的方向误差；要根据活动地区的磁偏角进行校正。

3.1.2 利用太阳

在晴朗的白昼，根据日出、日落就可以很方便地知道东方和西方，也就可判断方向，但只能是大致的估计，较准确的测定有下列几种方法：

3.1.2.1 手表测向

“时数折半对太阳，12 指的是北方”，一般在上午 9 时至下午 4 时之间可以很快地辨别出方向，用时间的一半所指的方向对向太阳，12 时刻度就是北方，如 14:40，其一半为 7:20，把时针对向太阳，那么 12 指的就是北方，或者是把表平置，时针指向太阳，时针与 12 时刻度平分线的反向延伸方向就是北方；或者平置手表，将一根小棍垂直立在手表中央转动手表，使小棍的影子与时针重合，时针与 12 时刻度之间的平分线即是北方。但必须注意：在判定方向时，手表应平置；在南、北纬 20° 30′ 之间地区的中午前后不宜使用，即以标准时的经线为准，每向东 15° 加 1 小时，向西 15° 减 1 小时。

3.1.2.2 立竿法日影测向

在一空旷处立一直竿，此时竿有一影，记下影子的顶点位置，做好标志 A，过十分钟左右，影子的顶点变到另一处，记下位置做好标志 B，此时，AB 两点的垂直平分线为正北方向，向太阳的一方为南。

3.1.3 夜间利用星体

北极星位于正北天空,其出露高度角相当于当地纬度,据此可以很快找到北极星。通常根据北斗七星(大熊星座)或W星(仙后星座)确定。北斗星为七颗较亮的星,形状象一把勺子,将勺头两颗 β 向 α 连线并延伸约5倍处便是北极星。当看不到北斗星时,可根据W星,即仙后星座寻找北极星。仙后星座由五颗较亮的星组成,形状象"W"字母,字母的开口方向约开口宽度的两倍距离处是北极星。

南十字星在北纬23° 30′ 以南地区,夜间有时可见,由四颗较亮的星组成,形同"十"字,在其右下方,由 γ 向 α 两星连线长度的四倍半处(无星)为正南方向。

3.1.4 地物和植物特征

有时野外的一些地物和植物生长特征是良好的方向标志，掌握这方面的知识可以帮助你快速地辨别方向。

根据地物特征:房屋一般门向南开,庙宇通常也是向南开门,尤其庙宇群中的主体建筑。地表突出物,向北一侧基部较潮湿并可能生长低矮的苔藓植物。

根据植物生长特征:一般阴坡,即北侧山坡,低矮的蕨类和藤本植物比阳面更加发育。单个植物的向阳面枝叶较茂盛,向北的阴地树干则可能生长苔藓。

3.2 野外穿着、负重行进知识

穿着时要求运动方便,长衣长裤,衣裤上的袋子要多一些;鞋子大小合适、耐磨便于运动的软底鞋,为防止脚起泡,穿平时穿惯的鞋,不能穿丝袜;帽子颜色鲜艳、明显。有路时尽量走路上,注意调节步调与呼吸的节律;在无路走时,走梁不走沟,走纵不走横。背包中把平时经常用的物品放在表层或侧包内,如相机,雨衣,笔记本,望远镜,水壶等。

3.3 野外防护

防蚊虫:穿长衣长裤;涂上防蚊药水;吃维生素B2或复合维生素片;不在潮湿处逗留;涂上清凉油。

防蛇：长衣长裤，打草惊蛇；若蛇在身上。屏住呼吸不能动；迎面来蛇不能跑，先向它扔一攻击目标后再逃。准备蛇药。

防蚂蝗：长衣长裤；在鞋上涂肥皂等润滑剂；若发现已叮在身上，用食盐撒在吸盘处，或用烟火烫（如香烟），使其自动脱落，千万不能用手拉扯；可用大蒜汁涂在鞋袜上。

防蜂：不能惊吓蜂；当蜂向你攻击时，千万不能跑，立即就地卧倒不动，并掩盖好暴露之处。

3.4 突发事件的处理

野外活动难免会出现一些突发事件，一旦出现千万不能慌乱，迅速采取措施积极应对。

蚊虫叮咬或蜇伤：可用冰或凉水冷敷后，在伤口处涂抹氨水。如果被蜜蜂蜇了，用镊子等将刺拔出后再涂抹氨水或牛奶。

蛇咬伤处理方法：①在伤口近心端 5cm 处用带子勒紧，用冰块冷敷，30 到 40 分钟放松一次，使血液流动；②立即用生理盐水或者冷水冲洗伤口，最好用 1:5000 的高锰酸钾溶液；③用刀片或者锋利的小刀烧过后，在伤口处割一十字口，使毒液流出；或用拔火罐把毒液吸出（备棉花、刀片），也用嘴将毒液吸出。如口腔粘膜没有损伤，其消化液可起到中和作用，所以不必担心中毒；④服用药物；⑤减少运动，及时送医院。外伤出血：在野外备餐时如被刀等利器割伤，可用干净水冲洗，然后用手巾等包住。轻微出血可采用压迫止血法，一小时过后每隔 10 分钟左右要松开一下，以保障血液循环。

关节扭伤：关节不慎扭伤后，切忌立即搓揉按摩，应立即用冷水或冰块冷敷 15 分钟，然后，用手帕或绷带扎紧扭伤部位，也可就地取材用活血、散瘀、消肿的中药外敷包扎，争取及早康复。

外伤出血或骨折：在野外如被刀树枝等利器割伤，可用干净水冲洗，然后用手巾等包住。轻微出血可采用压迫止血法，一小时过后每隔 10 分钟左右要松开一下，以保障血液循环。骨折或脱臼时，用夹板固定后再用冰冷敷。从大树或岩石上摔下来伤到脊椎时，应将患者放在平坦而坚固的担架上固定，不让身子晃动，然后送往医院。

食物中毒:吃了腐败变质的食物或者有毒物质,除会腹痛、腹泻外,还可能会伴有发烧和衰弱等症状,应多喝些饮料或盐水,也可采取催吐的方法将食物吐出来。

避免雷击的方法 :夏季在野外经常会突遇暴雨,打雷时应快速跑向低地;离开高树或密叶林;除去身上金属;河中游泳时,立即上岸;人多时尽量分散;附近有小屋要进去躲,但不能靠墙。

4 野外实习前的准备

实习前的准备工作是顺利完成实习任务的重要保证。院系要成立野外实习领导小组确定实习时间、地点、人员安排。由专业任课教师组成实习指导小组,具体负责野外实习的组织与指导工作。实习前,实习领导小组要做好实习动员工作, 使学生认识动物学野外实习的必要性和重要性并集中向学生讲授野外教学实习要求、学习方法、注意事项、动物标本采集和鉴定方法;观看实习地的相关录像,初步了解实习地自然地貌和物种资源状况。实习带队教师要提前 1—2 天到实习目的地进行实地考察备课,选择 3—5 条比较安全、动物分布比较丰富、便于采集的野外实习路线。除了对实习内容进行周密安排外,还应该在交通和野外安全、食宿、突发事件处理方面做好工作方案。

准备好实习所需的仪器、药品、工具及实习用书

用于观察、测量和定位的主要仪器有:解剖显微镜、望远镜、手持放大镜、载玻片、盖玻片、录像机、照相机、GPS 定位仪、海拨仪、指南针、温度湿度计、pH 试纸、量角规、天平、游标卡尺、卷尺等。

实习采集处理制作用具包括:采集网、撒网、拖网、鸟网、蛇叉、蛇勾、鼠夹、照明工具、铁锹、刀、饲养笼、标本盒、塑料桶、采集袋、注射器、解剖器、量筒、量杯、医用手套、培养皿、解剖盘、铁钳、各种型号铁丝、棉花、纱布、动物登记卡、采集记录本、标签纸等

实习中处理动物标本所需药品包括:

薄荷脑。一种经济方便的麻醉剂,易于回收;

70%酒精。常用酒精浓度多为 95%,由于酒精浓度过高会使组织大

量失水而变硬变脆，必须稀释成70%才能由于对标本的处理，配时将70ml95%酒精加上25ml的蒸馏水即可。

甲醛溶液。市场上出售的浓度为37–40%，用水稀释至15%处理和5%保存标本。除此之外还要剥制标本所需的石膏粉、砒霜膏、三氧化二砷防腐粉等。

常用医药品：感冒痢疾等非处方药、药棉、纱布、创可贴、风油精、碘酒、蛇药等。

个人用品：雨具、运动鞋、长衣裤、山袜、针、线、水壶、遮阳帽、笔、记录本等。

实习用书：实习指导书、安徽两爬动物志、中国鸟类图鉴、中国兽类图鉴及有关检索资料等。

5 野外实习的纪律及注意事项

野外实习能否顺利进行，并达到预期目的，科学的组织管理是前提，严格的纪律约束是保证。此外，还需要掌握必要的安全防护知识，以防患于未然。

5.1 实习用品的保管

所有实习用品，包括资料、工具、药品等，一律实行责任到人，由专人负责保管、使用，确保不会遗失。

5.2 科学的组织管理

师生均应遵守作息时间，统一集中出发和返回驻地，不可擅自行动或各行其是。各实习小组指派一名责任心强的同学担任组长，实行小组长早晚点名制，有事要请假，外出考察时必须3人以上。实习时要充分发挥学生党员、班干部要发挥带头作用。

5.3 安全防护

严禁学生下河游泳、洗澡。山区水温低，最易引起抽筋被溺。

5.4 野外实习道德

在实习基地,务必爱护庄稼,保护风景区或自然保护区的动、植物资源,遵守相关规章制度。绝对不要在禁止火种的地方用火。野外用火后灭火时,也要十分小心,先将烧旺的火用水浇灭,确定火已完全灭后,再仔细清扫灰烬残渣,然后覆上土,将它恢复原状,这是野餐最基本的道德准则。

5.5 互助

发扬互助互学团结友爱的精神,搞好驻地环境卫生和群众关系。

6 野外实习内容安排

6.1 实习工作日程

野外实习一般安排在第二学期6~7月份,为期两周左右。实习前除了做好实习准备工作外, 布置学生在实习结束时每人要完成一篇实习总结,内容包括实习地的自然环境概述、生物资源概述、本次实习所认识的动物、生态现象等方面,总结本次实习的收获,探讨实习中所遇到的某些现象和问题。

实习期间一般安排每天上午8:00~12:00在实习指导老师的带领下分组外出观察,下午和晚上在室内对采集的标本进行测量、制作、整理和检索鉴定。由于不同类群动物的生活习性不同,其间指导老师要安排几次在凌晨(5:00~7:00)观察鸟类的活动,晚上(8:00~23:00)沿溪流、池塘观察和采集两栖爬行动物。

实习内容基本结束安排一天进行现场考核, 检查每组和每位学生标本的采集、制作、整理和检索情况,并进行考核。最后按组整理实习用具和标本,分组打包装车返校。

返校后指导教师要根据学生在实习过程中的表现和实习总结做好成绩评定和评优工作,表彰先进,总结经验教训。

6.2 实习工作内容

6.2.1 动物栖息地主要环境类型的认识

通过查阅已有的文献资料、教师讲授、实地观察，使学生了解实习地区主要环境类型的地形、地貌、植被组成、土壤、气候概况，为认识动物的分布、数量、生活习性等与环境的适应和统一打下基础。

6.2.2 常见鱼类、两栖类、爬行类、鸟类、哺乳类的识别

用捕鱼网捕捉鱼类和水中的两栖类，用望远镜观察各主要环境类型中的鸟类和哺乳类。对捕捉到的鱼类、两栖类、爬行类进行鉴定并制成标本保存，对用望远镜观察到的鸟兽最好用数码相机（接在单筒高倍望远镜上）照相并鉴定到种。通过本次实习，每位学生应能识别常见动物。

6.2.3 动物标本制作方法学习

采集并制作鱼类、两栖类、爬行类标本，学习制作动物标本的基本方法。

6.2.4 动物行为生态学研究

在识别实习地区常见动物种类的基础上，观察它们的行为。用数码相机和数码摄像机摄录行为活动的主要内容。

6.2.5 动物数量统计方法学习

选择典型生态环境，以样线法、固定半径样点法、样方法调查统计脊椎动物的数量，同时记录样地的地理位置、海拔高度、坡向及坡度、调查时间及地点、样地内的植被（主要植物名称、高度、覆盖度）、动物隐蔽条件、食物条件等，使学生掌握调查统计动物数量的基本方法，为动物生态学研究打下基础。

6.2.6 野外动物及其栖息环境照相技术学习

国家对鸟兽及其栖息环境的保护非常重视，已不允许用传统的猎枪捕杀动物。目前国内外改用照相机和摄像机记录并鉴定鸟兽的种类。在实习期间让学生掌握野外鸟兽照相和摄像的基本方法和技术。选择质量好的照片在展板展出，并将照片和摄像资料制成多媒体演示。

第二章　鱼　类

1　主要形态分类依据

在野外实习中，采集和认识常见的鱼类是一项重要实习内容。对千姿百态的鱼类要分门别类而且要去认识、查检，先得学会分类检索的方法，检索是依据其性状特征来进行的。所以对鱼的一些形体构造必须掌握，其中常用的专门术语有以下一些，分别加以说明（图 2–1）：

全长：从吻端到尾鳍末梢的直线长度。

体长：从吻端到尾鳍基（基部的上下起点的垂直线）的长度。

头长：从吻端到鳃盖骨后缘（不包括后缘软薄的鳃膜）的直线长度。

吻长：从吻端到眼眶前缘的直线长度。

眼后头长：从眼眶后缘到鳃盖骨后缘的直线长度。

眼径：从眼眶前缘到后缘的直径长度。

眼间距：从一边眼眶背缘量到另一边眼眶背缘的宽度。

体高：是身体的最大高度，通常采取背鳍的起点处的垂直高度。

尾柄长：是从臀鳍基部后端到尾鳍基垂直线的距离。

尾柄高：尾柄部分最低处的高度。

侧线和侧线鳞：身体两侧或直或弯地有侧线器官穿孔的鳞片排成一线叫侧线。如果侧线从鳃后直到尾鳍基都存在，成一完整的线条，叫“侧线完全”；如果侧线孔只在鳃盖后若干鳞上有，之后就没有，叫“侧线不完全”。沿侧线直行的鳞片数目称侧线鳞数，不同种鱼侧线鳞数不同，但也有一定的变异范围，如青鱼的侧线鳞变动在 41 ~ 43 枚之间。有时为了精确起见，还要计数线上鳞和线下鳞。线上鳞一般从背鳍起点处的一片鳞斜数到接触侧线的一枚鳞为止；线下鳞一般从腹鳍起点处的一片鳞向上斜数到接触侧线的一片鳞为止，记述方法：侧线鳞数目后用分数式，分子代表线上鳞数，分母代表线下鳞数。在人工培育的经济鱼类很多品种有差异，表现在线上鳞与线下鳞这两个数据之上的。

背部鳍：一般鱼背部只有一个背鳍。但也有如塘鳢鱼等却有两个，即第一背鳍在前，第二背鳍在后。也有些鱼如黄颡鱼等的背鳍后方还有一个肉质的鳍，称为脂鳍。

背鳍条和背鳍刺：背鳍条是支持背鳍的脉状条条，有分支的和不分支的。如果前端不分叉的鳍条有三根（一般第一根很短，第二根中等长，末根最长），接着后边的末梢分叉的鳍条有 14 根就写成 3，14。除鲤科鱼以外，不分枝鳍条或用罗马字母表示。值得的注意的是往往分枝鳍条的最末两根是从一个基础发出的，应当作为一根鳍条计数。背鳍的最末一根不分支鳍条在不同种属之间，有的分节柔软，有的下段稍硬而末梢柔软，有的粗壮而坚硬，后者称为背鳍刺。有的刺光滑，有的刺后缘具有锯状齿。这方面一定要懂得透彻，多练习计数，以免鉴定时差错。

臀鳍条和臀鳍刺：与背鳍计数方法相同。

腹棱：是指腹部中线隆起的棱。有的鱼腹棱从峡部直到臀鳍起点，称腹棱完全；有的鱼腹棱只从腹鳍基部到肛门处才有，腹棱前鱼肚圆平无棱，叫腹棱不完全。多数鱼腹中线是没有腹棱的。

鳃耙：鱼鳃是弯弓形的，凸起的一面长着血红的双行鳃丝，而凹的一面生着两排刺状的突起叫做鳃耙。分类上常以第一片鳃外侧的一列鳃耙数为依据（图 2–2）。

下咽齿：除少数为塘鳢鱼等口中上下颌有尖齿外，一般鱼在鳃盖后鳃孔下的咽部，左右两块咽骨上有各种形状的齿，叫下咽齿。下咽齿的行数、齿数、形态随不同种属而异，所以是一个分类的重要标志。可用镊子从鳃孔中偏后处夹出来计数。一般 1 ~ 3 行（不同行数，齿形大小不同）。如果左边下咽齿第一行 2 枚，第二行 4 枚，第三行 6 枚；右边第一行 5 枚，第二行 3 枚，第三行 2 枚，那么下咽齿式写成 2·4·6—5·3·2 。齿上往往附有肌肉等污物，要用针挑去，用软刷洗刷后才能清晰可数。在实践中会熟能生巧的（图 2–3）。

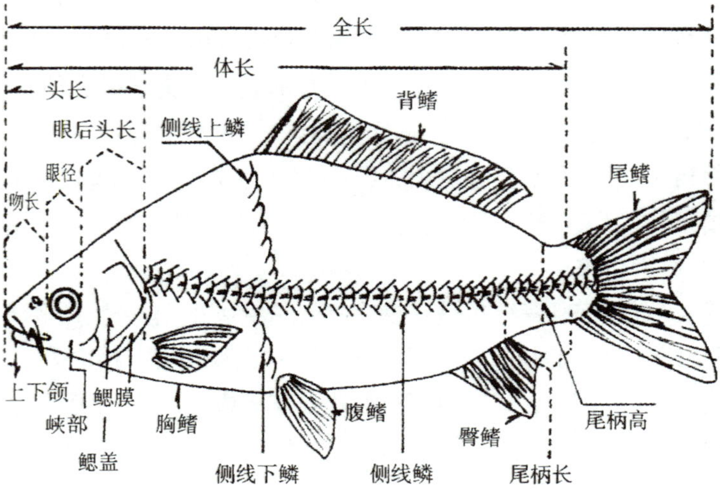

图 2-1　鱼类部分术语说明

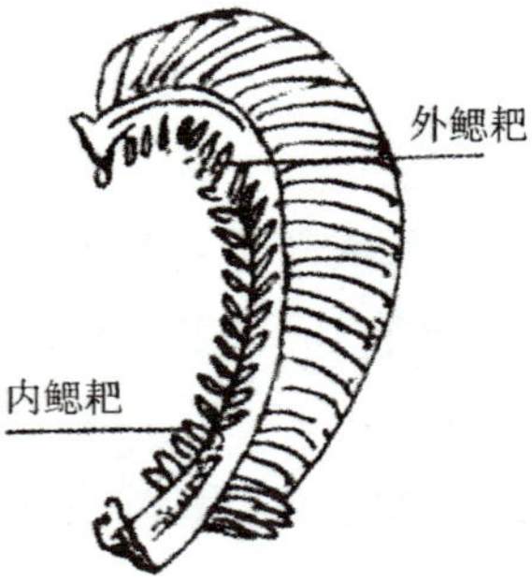

图 2-2　鱼的鳃耙

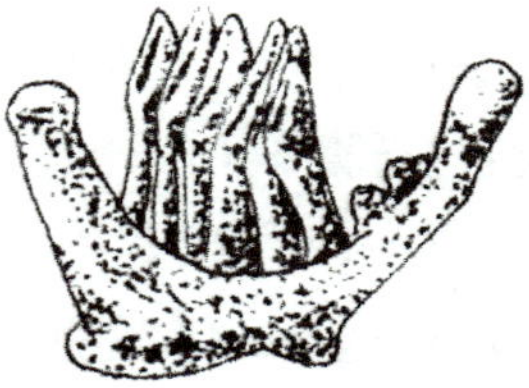

图 2-3　圆吻鲴下咽齿

2　野外采集及调查方法

2.1 鱼类采集及调查方法

采集鱼类标本，是使学生了解实习水域的鱼类种群组成、数量、分布以及资源的状况，初步了解当地常见的捕鱼方法及鱼类标本的采集、记录和制作方法。

①组织学生用小型的拉网、丝网捕捞。对小溪,小沟,河汊在征得当地人员同意后也可“竭泽而渔”。为了让学生认识更多的鱼类,了解鱼类种群组成、年龄、分布以及进行鱼类分类实践,上述方法一般都能采集到一些小型的鱼类和不同年龄的个体,既能丰富采集的种类有能使学生学习一些捕鱼技术,比较可行。

②清晨鱼市上购买,常可卖到不同大小和种类的杂鱼,是野外实习中标本来源的重要途径。

③请渔民根据实习要求,有目的地捕捞。

2.2 鱼类的测量和记录方法

①测量前标本的处理工作

把收集的鱼类标本先用清水洗净,有些鱼体表多粘液,如鲶鱼、鳝、鳅等粘液腺特别发达,更需要以软刷沾水反复洗刷干净。对于一些有特殊体色的种类(如黄鳝、宽鳍鱲等),在浸制后体色会退去或变色,因而趁新鲜时仔细作体色的描述甚为重要。

②登记编号

把描述的体色和洗涤好的标本放在大瓷盘中,根据采集的顺序依次登记编号。在登记时每个标本要系一个标签,栓在胸鳍的基部。最好用竹片标签(1×4cm),有孔系线,用铅笔写上签号。较方便的是将采集编号的用铅笔写在道林纸条上,然后折叠好,塞入鱼的咽腔深部。

③鱼体测量

根据前述鱼的形态分类依据的外部形态进行测量,即体重、全长、体高、头长、吻长、眼径、眼间距、尾柄长、尾柄高等。对鱼体各部分性状的计数,如侧线鳞、鳍条数、咽喉齿等,把上述测量数据填入鱼类形态野外测量记录表内(见表2–1)。

④鱼类标本的保存

上述工作完成后,暂时放在10%的福尔马林溶液内固定,待鱼体定型变硬后,另用5%的福尔马林溶液保存。

在实习期间,除保存整体标本外,有时还需对某种鱼进行内部解剖观察。一般把肠胃和性腺分离专门盛在固定液中,以供鉴定食性和计数怀卵量等。

表 2-1　鱼类形态野外测量记录表

鱼类种名＿＿＿＿＿＿

编号								
采集地								
采集日期								
性别								
体重								
全长								
体长								
体高								
头长								
吻长								
眼径								
眼间距								
尾柄长								
尾柄高								
侧线鳞								
咽喉齿								
其他								

3　分类检索方法

3.1 长江水系常见淡水鱼类检索表

检索方法：检索表中每条开头的数字和括号中的数字是表示两种相互对立的性状特征，非此即彼。依着数字顺序逐渐往下查，便能查到你手中待检的鱼种。举个例子：一条常见的鲫鱼，它体形不成蛇形，不属 1 而应查 4，顺序再看 5，因为它没有肉质脂鳍，立即跳到 20。21 对不上号，24 鲫鱼有腹鳍却对上号；依次往下查到 31 发现鲫鱼口中没有牙齿，手触摸是光滑的，该跳到 54 去。因为它口无须，不属于 55，则查 62。鲫鱼眼位置在头纵轴上方，不是 63，而应是 66。顺着查，67 对头，68 符合，这就查到了——鲫鱼。照这样查几次，很快就熟练掌握了。

长江水系常见淡水鱼类16科84种检索表

1(4) 身体细长成蛇形

2(3) 胸鳍和腹鳍都没有，体色橙黄 …………………… 黄鳝（合鳃目）*Monopterus albus*

3(2) 缺腹鳍而胸鳍存在，体色灰黑 …………………… 鳗鲡（鳗鲡科）*Anguilla japonica*

4(1) 体形各色各样，但不成蛇形。

5(20)背鳍的后方有一肉质的突起——脂鳍

6(9) 脂鳍小，为一群体小而透明的鱼类。

7(8) 上颌骨末端延伸达眼睛前缘以后，头长为吻长的2.6～2.8倍 ……………………………………………………………… 大银鱼（银鱼科）*Protosulanx hyalocromius*

8(7) 上颌骨末端不达眼前缘，头长为吻长的2.3～2.5倍 ……………………………………………………………………… 长江银鱼（银鱼科）*Hemisalanx brachyrostralis*

9(6) 脂鳍长大，体较大而不透明，（颌须基部无皮膜相连）。

10(15) 臀鳍的鳍条数在20根以上。

11(12) 体长为体高的8倍以上 …………………… 长鮠（鮠科，下同）*Leiocassis tenius*

12(11) 体长为体高的6倍以下。

13(14) 胸鳍刺前缘光滑无齿 ………………………… 光泽黄颡鱼 *Pseudobagrus nitidus*

14(13) 胸鳍刺前缘有弱锯齿，通常包于皮下 …………………… 黄颡鱼 *P. fulvidraco*

15(10) 臀鳍的鳍条数在20根以下。

16(17) 尾鳍明显分叉，吻圆 …………………………… 粗唇鮠 *Leiocassis crassilabris*

17(16) 尾鳍平截，或圆或内凹，吻不圆钝。

18(19) 尾鳍圆形，外缘有白边 ……………………………… 白边鮠 *L. albomarginatus*

19(18) 尾鳍平截略有内凹，外缘无白边 …………………… 乌苏里鮠 *L. wssuriensis*

20(5) 背鳍的后方无脂鳍。

21(24) 没有腹鳍。

22(23) 鳅形，背鳍有30根以上分离的背鳍刺…刺鳅（刺鳅科）*Mastacembelus aculeatus*

23(22) 体前胖后细，不似鳅形，无背鳍刺 ……………… 暗纹东方鲀 *Fugu obscurus*

24(21) 有腹鳍。

25(26) 体细长，下颌向前延伸如针 ……… 鱵鱼（针鱼科）*Hemirhamphus kurumeus*

26(25) 体一般不细长，但下颌决不如针状。

27(28) 腹中线具一行"V"形硬鳞;胸鳍有分离而往后延长的鳍条 ……………………………………………………………………………… 鲚鱼(鲱鱼科)*Coilia ectenes*

28(27) 腹中线无"V"形硬鳞,胸鳍无长而游离的鳍条。

29(30) 背鳍极小,只在背前方一小撮,鳍条仅 4~6 根 …… 鲇鱼(鲇科)*Silurus asotus*

30(29) 背鳍正常,排列体背相当位置,鳍条在 8 根以上。

31(54) 上下颌都长有细齿。

32(35) 背鳍和臀鳍都很长,且向后延伸接近尾基,鳍条在 30 跟以上。

33(34) 背鳍和臀鳍几乎等长。小型鱼 …… 圆尾斗鱼(攀鲈科)*Macropodus chinensis*

34(33) 背鳍明显长于臀鳍。大型鱼 ……………… 乌鳢(鳢科)*Ophiocephalus argus*

35(32) 背鳍、臀鳍不等长,接近尾鳍。鳍条在 30 根以下。

36(43) 背鳍有前后两个,中间不相连接。

37(40) 左右两个腹鳍在腹面连成一体。

38(39) 头部至背鳍前无鳞片,雄鱼第一鳍前部有一碧兰斑点 …………………………………………………………… 克氏栉虾虎(虾虎科)*Ctenogobius cliffordpopei*

39(38) 头部至背鳍前有鳞片,雄鱼第一背鳍前部无一碧兰斑点 …………………………………………………………………………… 吻虾虎(同上)*C. giuiinus*

40(37) 左右腹鳍彼此分离不连合。

41(36) 身体粗壮,头平扁,体色灰黑 …………… 塘鳢(塘鳢科)*Odontobutis obscuras*

42(35) 头和身体均侧扁,体色黄色有横斑 …… 黄蚴(塘鳢科)*Hypseleotris swinhonis*

43(36) 背鳍只有一个,前部硬棘连接后部柔软的分枝鳍条。

44(45) 体近圆筒状,体长为体高的 4.5 倍以上 …… 长鳜(鮨科,下同)*Siniperca roulei*

45(44) 体侧扁,体长为体高的 4 倍以下。

46(49) 头部从吻端穿过眼睛到背鳍刺的前部,左右各有一条斜形黑条纹。

47(48) 眼较大,头长为眼径的 5 背左右,上颌骨的左右末端答不到眼后缘的下方,侧线鳞在 100 以下 …………………………………………………… 大眼鳜 *S. kneri*

48(47) 眼较小,头长为眼径的 6~7 倍,上颌骨末端达到眼后缘的下方,侧线鳞在 120 以上 ………………………………………………………………… 翘咀鳜 *S. chuatsi*

49(46) 头部没有斜形条纹

50(51) 体两侧密布园形色环(中央色淡,边缘褐色) ………………… 斑鳜 *S. scherzeri*

51(50) 体两侧没有边褐中淡的园形色环。

52(53) 吻的背部有一凹陷,体侧上半部有明显的不规则的大黑斑,下半部有黄色的波状条纹 ……………………………………………………………… 波纹鳜 *S. undalata*

53(52) 吻背部园隆,体侧有模糊的不规则黑斑,下部没有弯曲的波状纹 ……………………………………………………………………………… 暗鱲 *S. loona*

54(31) 咀巴上下颌没有牙齿,咽喉部有下咽齿。

55(62) 口周围有触须 3 对以上。

56(57) 有触须 5 对 ……………………… 泥鳅(鳅科,下同)*Misgurnus onguillicaudatus*

57(56) 有触须 3～4 对,体侧有花斑。

58(61) 有触须 4 对。

59(60) 尾鳍圆形 ……………………………………………………… 花鳅属 *Cobitis*

60(59) 尾鳍分叉 …………………………………………………… 沙鳅属 *Parabotia*

61(58) 有触须 3 对(2 对吻须,1 对颌须) ………………………… 条鳅属 *Leptobotia*

62(55) 口周围多数无触须,如有也不会超过 2 对。

63(66) 眼的位置偏在头纵轴的下方;打开鳃盖,可见上方有一肉质螺形的鳃上器。

64(65) 腹棱完全(从胸鳍到肛门均有锋口状似的纵棱),体色银白无斑 ……………………………………… 鲢鱼(鲤科,下同)*Hypophthalmichthy molitrix*

65(64) 腹棱不完全(仅腹鳍到肛门出有腹棱)体有黑色花斑 … 鳙鱼 *Aristichthy nobilis*

66(63) 眼的位置偏在头部纵轴的上方,没有鳃上器。

67(70) 背鳍和臀鳍都有后缘带锯齿的硬刺。

68(69) 无须,体色银白,下咽齿 1 行 ……………………………… 鲫鱼 *Cyprinus carpio*

69(68) 有 2 对须,体色橙黄,下咽齿 3 行 ……………………… 鲤鱼 *Carassius auratus*

70(67) 臀鳍无硬刺,如有其后缘光滑无锯齿。

71(134)臀鳍分枝鳍条在 7 根以上。

72(115)臀鳍起点在背鳍基部之后的下方,体一般呈纺锤形,雌鱼腹部不拖有细长的产卵管。

73(94) 臀鳍很长,分支鳍条在 12～32 之间,腹部有完全或不完全腹棱。

74(75) 背鳍没有硬刺。体极扁薄 ……………………… 飘鱼 *Pseudolaubuca engraulis*

75(74) 背鳍有硬刺。体形侧扁。

76(81) 体较高,体长不到体高的 3 倍。

77(78) 腹棱完全。……………………………………… 长春编 *Parabramis pekinensis*

78(77) 腹棱不完全。

79(80) 背鳍刺大于头长,口呈马蹄形 ………………… 三角鲂 *Megalobrama terminalis*

80(79) 背鳍刺短于头长,口呈弧形 ……………………… 团头鲂 *M. amblycephala*

81(76) 体较矮,体长为体高的 4 倍以上。

82(85) 臀鳍分支鳍条在 12~15 之间,侧线在胸鳍上方向下弯曲成一角度。

83(84) 侧线鳞 48~51,侧线下弯急剧 …………………… 鲹条 *Hemiculter leucisculus*

84(83) 侧线鳞 42~46,侧线下弯平缓 …………………… 油鲹(贝氏鲹)*H. bleekeri*

85(82) 臀鳍分支鳍条在 17 以上侧线不弯成角度。

86(87) 眼径大于吻长。腹内鱼鳔 2 节 ………………… 大眼华鳊 *Sinibrama macrops*

87(86) 眼径小于吻长。腹内鱼鳔 3 节。

88(89) 腹棱完全 ……………………………………… 红鳍鲌 *Calter erythropterus*

89(88) 腹棱不完全。

90(91) 侧线鳞 70 以下,尾鳍青灰色 …………………… 青梢红鲌 *Erythroculter dabryi*

91(90) 侧线鳞 70 以上,尾鳍的下叶红色或灰黄。

92(93) 侧线鳞 74~76,尾鳍下叶红色 ………………………… 蒙古红鲌 *E. mongolicus*

93(92) 侧线鳞 83~93,尾鳍下叶黄色 ……………………… 翘咀红鲌 *E. ilishaeformis*

94(73) 臀鳍短或中等长,分支鳍条在 12 根以下。腹部无腹棱。

95(102)口下位(口开在头部腹面)。背鳍有一光滑的硬刺。

96(97) 侧线鳞在 50 以下,下咽齿 1 行 …………………… 逆鱼 *Acanthobrama simoni*

97(96) 侧线鳞在 50 以上,下咽齿 2~3 行。

98(99) 侧线鳞在 75~82,下咽齿 2 行 ……………… 圆吻鲴 *Distoechodon tumirosfris*

99(98) 侧线鳞在 70 以下,下咽齿 3 行

100(101)侧线鳞在 54~62,体长为体高的 3.7~4 倍 …… 银鲴 *Xanocypris argentea*

101(100)侧线鳞在 63~66,体长为体高的 3.3~3.6 倍 ………… 黄尾密鲴 *X. davidi*

102(95) 口端位(口在吻端)。背鳍无硬刺。

103(104)下颌前端有一小突起,闭口时与上颌的凹陷处相吻合 ……………………
…………………………………………… 南方马口鱼 *Opsariichthys uncirostris*

104(103)下颌前端平整无突起。

105(106)吻有 2 对短触须。眼上有红斑 …………… 赤眼鳟 *Squaliobarbus curriculus*

106(105)口角没有触须,眼上无红斑。

107(110)侧线鳞在 50 以上。

108(109)侧线鳞 50~55,侧线上有黑点连成的黑线纹 ……… 黑线鲹 *Atrilinea roulei*

109(108)侧线鳞在 70 以上,侧线上无黑线纹 ……………… 长江鲅 *Phoxinus lagowskii*

110(107)侧线鳞在 50 以下。

111(112)下咽齿 3 行,体侧有 10 条以上垂直条纹 …………… 宽鳍鱲 *Zacco platypus*

112(111)下咽齿 1~2 行,体侧无垂直条纹。

113(114)下咽齿 1 行，齿面臼状，体色灰黑 ………… 青鱼 *Mylopharyngodon piceus*

114(113)下咽齿 2 行，齿侧面有沟纹，梳形。体色灰白或灰黄 ……………………………………………………………………… 草鱼 *Ctenopharyngodon idellus*

115(72) 臀鳍起点在背鳍基部的下方，体卵圆或椭圆形，雌鱼腹部拖一细长的产卵管。

116(121)侧线不完全，只在鳃孔后 3～6 片鳞片具有。

117(120)下咽齿齿面没有锯齿纹。

118(119)头后背部突出隆起，体长为体高 2.2 倍以下 …………………………………………………………………… 高体鳑鲏 *Rhodeus ocellatus*

119(118)头后背部不显著突隆，体长为体高 2.3—3 倍 ………… 中华鳑鲏 *R. sinensis*

120(117)下咽齿齿面上有锯齿纹 …………………… 彩石鲋 *Pseudoperilampus light*

121(116)侧线完全，清晰可见。

122(123)背鳍和臀鳍都无硬刺。口角有触须 …………………………………………………………………… 广西副鱊 *Paracheilpgnathus meridianus*

123(122)背鳍和臀鳍都有硬刺。

124(125)下咽齿齿面平滑无锯齿纹，有短须 …………… 须鱊 *Acheilognathus harbstus*

125(124)下咽齿齿面有明显锯齿纹，有须或无须。

126(129)口角无须。

127(128)背鳍条 16～17；臀鳍条 12～13 …… 斑条刺鳑鲏 *Acanthorhodeus taenianalis*

128(127)背鳍条 11～13；臀鳍条 9～10 …………………… 白河刺鳑鲏 *A. peihoensis*

129(126)口角有须。

130(131)侧线鳞 34～37，体长为体高 2.2～2.4 倍 ………… 越南刺鳑鲏 *A. tokinensis*

131(130)侧线鳞在 34 以下或 37 以上，体长为体高的 2.6～3.4 倍。

132(133)侧线鳞 32～33 ………………………………… 短须刺鳑鲏 *A. barbatulus*

133(132)侧线鳞 38～39 ………………………………… 多鳞刺鳑鲏 *A. polylepis*

134(71) 臀鳍分支鳍条在 6 根以下。

135(140)臀鳍分支鳍条 5 根。下咽齿 3 行。

136(137)背鳍起点前有一向前伸的倒刺（常隐于皮下），侧线鳞在 25 左右，体侧无斑纹 …………………………………………………………………… 刺鲃 *Barbodes caldwelli*

137(136)背鳍起点前没有倒刺，侧线鳞 35 以上，体侧有黑色横纹。

138(139)背鳍末根不分支鳍条不变粗，同分支鳍条一样粗，且前后缘光滑 ………………………………………………………… 厚唇鱼（石斑鱼）*Acrossocheilus labiatus*

139(138)背鳍末根不分支鳍条变粗，明显比分支鳍条一样粗细，且后缘有细锯齿 …

…………………………………… 温州厚唇鱼(石斑鱼)*A. wenchowensis*

140(135)臀鳍条分支鳍条为 6 根。下咽齿 1~3 行。

141(144)背鳍末根不分支鳍条,为粗壮硬刺。

142(143)侧线鳞 50 左右,体侧有一列黑斑 ……………… 花䱻 *Hemibarbus maculatus*

143(142)侧线鳞 39~43,体侧无斑而吻长 ……………………… 长吻䱻 *H. longirostris*

144(141)背鳍末根不分支,鳍条不成硬刺,柔软分节。

145(160)口的上下唇简单,无小粒状的乳突。

146(147)口上位,口角无短须 …………………………… 麦穗鱼 *Pseudorasbora parva*

147(146)口端位或下位,口角无须或有一对短须。

148(155)口很小且窄,下额前缘有角质化边缘。

149(150)口呈弧形,无触须,各鳍黑色 ………… 黑鳍鳈 *Sarcocheilichthys nigripinnis*

150(149)口马蹄形,有触须 1 对。

151(152)体彩色,侧线磷 40 以下,体侧有一纵行黑纹 ………………… 小鳈 *S. parvus*

152(151)体灰黑,侧线磷 40 以上,体侧有花斑或斑带。

153(154)侧线鳞 40~41,体侧有 4 条垂直宽斑带,各鳞虽黑色但镶以白边 …………
………………………………………………………………… 华鳈 *S. sinensis*

154(153)侧线鳞 42~44,体侧有不规则花斑,腹部各鳍桔红色 ………………………
……………………………………………………………… 江西鳈 *S. kiangsiensis*

155(148)口正常大小,下颌没有角质边缘。

156(157)口端位,肛门紧靠臀鳍起点,体侧有数行黑色纵纹 ……………………………
…………………………………………… 短须颌须鮈 *Gnathopogon imberbis*

157(156)口近下位,肛门位置在腹鳍和臀鳍之间的后 1/3 处,口角小须容易见到。

158(159)侧线鳞 39~42,体侧有一银白色纵纹 …………… 银色颌须鮈 *G. argentatus*

159(158)侧线鳞 33~35,体侧有"八"字形黑点上下各半于侧线上 ………………
……………………………………………………… 点纹颌须鮈 *G. wolterstorffi*

160(145)口上下唇发达,各有乳头状小突起,一般下唇还分成小叶瓣。

160(166)背鳍起点至吻端的距离和背鳍后端基部至尾鳍的距离约相等。下唇分成三叶。

162(163)吻长而平扁,下唇两侧叶在中叶前端相连接,下咽齿 2 行 …………………
……………………………………………………… 似鮈 *Pseudogobio vaillanti*

163(162)吻短且园钝,下唇两侧叶不相连,为中叶所隔开,下咽齿 1 行。

164(165)上下唇乳突不明显 ……………………………… 棒花鱼 *Abbottina rivularis*

165(164)上下唇乳突很清晰 ……………………………… 福建棒花鱼 *A. fukinensis*

166(161)背鳍起点距吻端距离较背鳍基部后端距尾基显著为小,即背鳍位于背前部;下唇不分叶。体细长 ·· 蛇鮈 *Saurogobio dabryi*

3.2 山溪常见鱼类检索表

1(8) 背鳍后方有一肉质脂鳍;无鳞。

2(5) 上额一对颌须的基部有皮膜与颌部皮肤相连,使须基部很宽。

3(4) 尾鳍叉形;胸部有“V”形的吸附褶纹 ························ 纹胸鮡属 *Glyptothorax*

4(3) 尾鳍圆形;胸部无吸附褶纹 ··· 鰑属 *Liobagrus*

5(2) 颌须基部无皮膜与颌皮相连,须基部不宽。

6(7) 尾鳍深叉形;体长为体高的 4 倍以下,(胸鳍刺前缘有锯齿状) ··· 黄鳑鱼 *Pseudobagrus fulvidraco*

7(6) 尾鳍常圆形;体长为体高的 5 倍以上(臀鳍条少于 20 根) ······ 鮠属 *Leiocassis*

8(1) 背鳍后方无脂鳍;有鳞或无鳞。

9(10) 背鳍短小,位体背侧前部 ································ 鲇鱼(幼体)*Silurus asatus*

10(9) 背鳍正常,位体背中部。

11(24)体形似鳅。

12(13)无腹鳍;背鳍前部由 30 余条短鳍棘组成 ·················· 刺鳅属 *Mastacembelus*

13(12)有腹鳍;背鳍无上述短鳍棘。

14(17)胸鳍和腹鳍左右平展。

15(16)头犁形;尾柄细长;尾鳍深叉状 ····················· 犁头鳅 *Lepturichthys fimbriata*

16(15)头钝圆;尾柄粗短;尾鳍略内凹或截形 ············ 吸附鳅属 *Pseudogastromyzon*

17(14)偶鳍并不左右平展。

18(23)有眼下刺(眼前缘下方皮内有一尖端向后伸的硬刺,基部分叉或不分叉。可用小镊子触击并夹出观察)。体多斑条或斑块。

19(20)尾鳍圆形;体侧除杂斑外有 10 余条椭圆形花斑成一纵列(眼下刺分叉) ······ ·· 花鳅属 *Cobitis*

20(19)尾鳍多分叉;体侧斑块不呈椭圆形一列。

21(22)体侧常有 10 余条与体轴垂直的直条纹。眼下刺分叉 ······ 副沙鳅属 *Parabota*

22(21)头部及背部常有数块鞍形斑;眼下刺不分叉 ················· 薄鳅属 *Leptobatia*

23(18)无眼下刺;体无明显斑条(块)(口部触须 5 对) ··································· ··· 泥鳅 *Misgurnus anguillicaudotus*

24(11)体不似鳅形。

25(32)口较阔大;上下颌密生细齿。

26(31)背鳍分为前后2个,中间不相连接。

27(28)左右腹鳍合为一碟形吸盘 ………………………………… 栉虾虎属 *Ctenogobius*

28(27)左右腹鳍分离,不成吸盘状。

29(30)体粗圆,头平扁,体色灰暗有大型黑斑块 ………… 沙塘鳢 *Oclontobutis obscurs*

30(29)体侧扁,寸许小鱼,体黄色有10余条暗色垂直条纹 ……………………………

…………………………………………………… 黄黝鱼 *Hypseleotris swinhonis*

31(26)背鳍只有一个,前方鳍棘部与后方鳍条部相连 ………… 暗鳜 *Siniperca loona*

32(25)口正常大小;上下颌无齿;有咽喉齿。

33(34)背鳍和臀鳍都有后缘带锯齿的硬刺;口角无须 ……… 鲫鱼 Carsassius auratus

34(33)臀鳍无硬刺,如有,刺后缘光滑无锯齿。

35(54)臀鳍分枝鳍条在7根以上。(注意:分枝鳍条最末两根是从同一基部发出的,应作为一根计算)。

36(43)体卵圆形,极扁薄;臀鳍起点在背鳍基部的下方;春夏雌鱼常有一细长的产卵管。

37(40)侧线不完全(仅鳃孔后3~6片鳞上可见到侧线孔)。

38(39)咽齿齿面平滑,没有锯齿纹 ……………………………… 鳑鲏属 *Rhodeus*

39(38)咽齿齿面上有锯齿纹 ………………………… 彩石鲋属 *Pseucloperilampus*

40(37)侧线完全,清晰可见;背、臀鳍均有1~2根硬刺。

41(42)咽齿齿面光滑 ……………………………………………… 鱊属 *Acheilognathus*

42(41)咽齿齿面上有锯齿纹 ……………………………… 刺鳑鲏属 *Acanthorhodeus*

43(36)体一般呈长纺锤形(如较扁薄,体亦不呈卵圆形);臀鳍起点在背鳍基后端之后下方。

44(47)臀鳍较长,分枝鳍条在12~18之间;沿腹中线具皮质腹棱;侧线在胸鳍上方向下急弯成一钝角。

45(46)皮质腹棱完全,自胸部基至肛门 …………………………… 鲹条属 *Hemiculter*

46(45)腹棱不完全,仅从腹鳍基至肛门 …………………… 拟鲹属 *Pseudohemiculter*

47(44)臀鳍较短,分枝鳍条在12以下;无皮质腹棱;侧线不成钝角。

48(49)口下位;下颌前像有锐利角质边缘;背鳍有光滑的硬刺;咽齿列成1行 ……

……………………………………………………… 逆鱼 *Acanthobrama simoni*

49(48)口端位;下颌无角质边缘;背鳍无硬刺;咽齿2~3行。

50(51)下颌两侧有凹刻,与上颌两侧突起相吻合 …… 马口鱼 *Opsariichthys uncirostris*

51(50)上下颌平整无凹刻。

52(53)侧线磷在 50 枚以下;体侧有 10 余条青兰色垂直条纹 ………………………………………………………………………………… 宽鳍鱲 *Zacco platypus*

53(52)侧线磷在 70 枚以上;体侧仅散生细小黑点 ……………………… 岁属 *Phoxinus*

54(35)臀鳍分枝鳍条在 6 根以下。

55(58)臀鳍分枝为 5 根;背鳍有硬刺。

56(57)鳞大,侧线磷在 25 枚左右,背鳍前方有一倒刺(基部常隐于皮下)………………………………………………………………… 刺鲃(幼体)*Barkodes caldwelli*

57(56)鳞中等大小,侧线磷 35 ~ 40 枚;背鳍前无倒刺(常见有 5 ~ 7 条垂直黑纹)……………………………………………………………… 光唇鱼属(石斑鱼)*Acrossocheilus*

58(55)臀鳍的分枝鳍条为 6 根;背鳍无硬刺。

59(64)口的上下唇薄而简单,无细粒状突起。

60(61)口上位,口角无须 ……………………………………… 麦穗鱼属 *Pseudorashora*

61(60)口端位或下位;口角有短须 1 对。

62(63)口很小;下颌具有发达的角质边缘; …………………… 鳈属 *Sarcocheilichthys*

63(62)口中等大小;下颌无角质边缘;背鳍起点距吻端大于背鳍末至尾鳍基 ………………………………………………………………………… 颌须鮈属 *Gnathopogon*

64(59)口上下唇厚,发达;各有密集粒状小突起;一般下唇还分为两侧和中央三小叶瓣。

65(66)吻长而平扁;下唇两侧叶在中叶前端相连接;咽齿 2 行 …… 似鮈属 *Pseudogobio*

66(65)吻短而钝圆;下唇两侧叶不相连,中叶为一对并排椭圆性突起;咽齿 1 行 ………………………………………………………………………… 棒花鱼属 *Abbottina*

4 黄山地区淡水鱼类

安徽省黄山地区有着丰富的水资源,其鱼类资源也异常丰富。根据部分历史资料及现阶段的调研结果,黄山地区共有鱼类近 100 种,隶属于 7 目、17 科、61 属(见表 2-2)。

表 2-2　黄山地区常见鱼类物种组成及其分类地位

目	科	亚科	属	种(species)
合鳃目	合鳃科	/	合鳃属	黄鳝 *Monopterus albus*
鳗鲡目	鳗鲡科	/	鳗鲡属	鳗鲡 *Anguilla japonica*
鳉形目	胎鳉科	/	食蚊鱼属	食蚊鱼 *Gambusia affinis*
鲑形目	银鱼科	/	新银鱼属	太湖新银鱼 *Neosalanx taihuensis*
			银鱼属	大银鱼 *Protosalanx hyalocranius*
鲇形目	钝头鮠科	/	鉠属	司氏鉠 *Liobagrus styani*
	鲇科	/	鲇属	鲇 *Silurus asotus*
	胡子鲇科	/	胡子鲇属	胡子鲇 *Clarias fuscus*
	鲿科	/	黄颡鱼属	黄颡鱼 *Pelteobagrus fulvidraco*
		/	鮠属	粗唇鮠 Leiocassis crassilabris
		/	拟鲿属	长臀拟鲿 *Pseudobagrus analis*
				圆尾拟鲿 *P. pratti*
				切尾拟鲿 *P. truncatus*
				细体拟鲿 *P. pratti*
				短尾拟鲿 *P. brevicaudatus*
鲈形目	刺鳅科	/	刺鳅属	刺鳅 *Mastacembelus aculeatus*
	斗鱼科	/	斗鱼属	圆尾斗鱼 *Macropodus chinensis*
	鳢科	/	鳢属	乌鳢 *Channa argus*
				月鳢 *C. asiatica*
	鮨科	/	鲈属	鲈 *Lateolabrax japonicus*
		/	长身鳜属	长身鳜 *Coreosiniperea roulei*
		/	鳜属	鳜 *Siniperca chuatsi*
				大眼鳜 *S. neri*
				斑鳜 *S. scherzeri*
				暗鳜 *S. obscura*
				波纹鳜 *S. undulata*
	塘鳢科	/	沙塘鳢属	沙塘鳢 *Odontobutis obscurus*
		/	黄蚴属	黄蚴 *Hypseleotris swinhonis*
	鰕虎鱼科	/	吻鰕虎鱼属	吻鰕虎鱼 *Ctenogobius spp.*
鲤形目	平鳍鳅科	腹吸鳅亚科	缨口鳅属	原缨口鳅 *Vanmanenia stenosoma*
	鳅科	沙鳅亚科	沙鳅属	中华沙鳅 *Sinibotia superciliaris*
		花鳅亚科	泥鳅属	泥鳅 *Misgurnus anguillicaudatus*
			副泥鳅属	大鳞副泥鳅 *Paramisgurnus dabryanus*
			花鳅属	中华花鳅 *Cobitis sinensis*
				大斑花鳅 *C. macrostigma*
	鲤科	鲢亚科	鲢属	鲢 *Hypophthalmichthys molitrix*
			鳙属	鳙 *Aristichthys nobilis*
		鲤亚科	鲤属	鲤 *Cyprinus carpio*
			鲫属	鲫 *Carassius auratus*
		鳑鲏亚科	鱊属	短须鱊 *Acheilognathus barbatulus*
			鳑鲏属	彩石鳑鲏 *Rhodeus lighti*
				高体鳑鲏 *R. ocellatus*

续表

目	科	亚科	属	种(species)
				中华鳑鲏 *R. sinensis*
鲤形目	鲤科	鲴亚科	圆吻鲴属	圆吻鲴 *Distoechidon tumirkstris*
			鲴属	细鳞鲴 *Xenocypris microlepis*
				银鲴 *X. argentea*
				黄尾鲴 *X. davidi*
		鱼丹 亚科	鱲属	宽鳍鱲 *Zacco platypus*
			马口鱼属	马口鱼 *Opsariichthys bidens*
		雅罗鱼亚科	黑线餐属	黑线餐 *Atrilinea roulei*
			赤眼鳟属	赤眼鳟 *Squaliobarbus curriculus*
			青鱼属	青鱼 *Mylopharyngodon piceus*
			草鱼属	草鱼 *Ctenopharyngodon idellus*
			鳡属	鳡 *Elopichthys bambusa*
			鳤属	鳤 *Ochetobibus elongatus*
		鲃亚科	倒刺鲃属	光倒刺鲃 *Spinibarbus hollandi*
	鲤科		光光唇鱼属	光唇鱼 *Acrossocheilus fasciatus*
				厚唇光唇鱼 *A. labiatus*
				温州光唇鱼 *A. wenchowensis*
		鲌亚科	华鳊属	大眼华鳊 *Sinibrama macrops*
			飘鱼属	飘鱼 *Pseudolaubuca sinensis*
			似鲚属	似鲚 *Toxabramis swinhonsis*
			餐属	餐 *Hemiculter leucisculus*
				油餐 *H. bleekeri bleekeri*
			半餐属	四川半餐 *Hemiculterella sauvagei*
			鲌属	红鳍鲌 *Culter erythropterus*
			红鲌属	翘嘴红鲌 *Erythroculter ilishaeformis*
				蒙古红鲌 *E. mongolicus*
				青梢红鲌 *E. dabryi*
			鳊属	鳊 *Parabramis pekinensis*
			鲂属	三角鲂 *Megalobrama terminalis*
				团头鲂 *M. amblycephala*
		鮈亚科	鱼骨 属	长吻鱼骨 *Hemibarbus longirostris*
				唇鱼骨 *H. labeo*
				花鱼骨 *H. maculatus*
			似鱼骨属	似鱼骨 *Belligobio nummifer*
			麦穗鱼属	麦穗鱼 *Pseudorasbora parva*
			鳈属	华鳈 *Sarcocheilichthys sinensis sinensis*
				小鳈 *S. parvus*
				江西鳈 *S. kiangsiensis*
				黑鳍鳈 *S. nigripinnis*
			颌须鮈属	细纹颌须鮈 *Gnathopogon taeniellus*

续表

目	科	亚科	属	种(species)
鲤形目	鲤科	鮈亚科	银鮈属	银鮈 *Squalidus argentatus*
				点纹银鮈 *S. wolterstorffi*
			蛇鮈属	蛇鮈 *Saurogobio dabryi*
				长蛇鮈 *S. dumerili*
			似鮈属	似鮈 *Pseudogobio vaillanti*
			棒花鱼属	棒花鱼 *Abbottina rivularis*
				建德棒花鱼 *Abbottina tafangensis*
				小口棒花鱼 *Abbottina guentheri*

第三章　两栖类

1　两栖类主要度量及分类依据

1.1 无尾两栖动物（见图 3-1）

1.1.1 量度

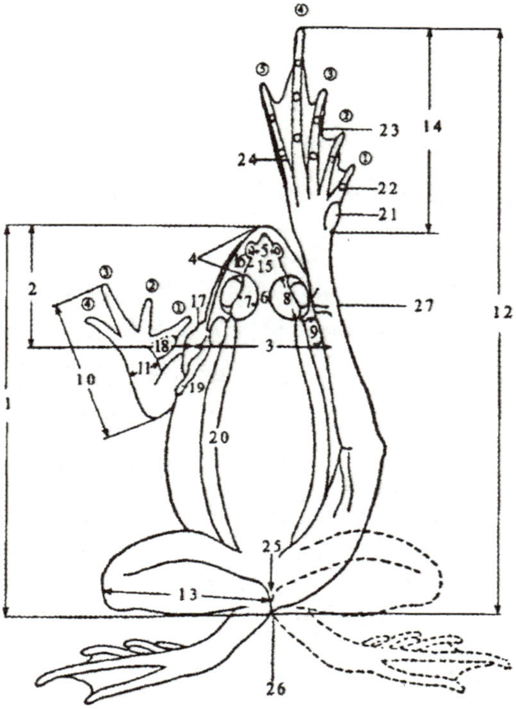

图 3-1　无尾两栖动物的度量

(1) 体长:自吻端至体后端。

(2) 头长:自吻端至上下颌关节后缘。

(3) 头宽:左右颌关节之距离。

(4) 吻长:自吻端至眼前角。

(5) 鼻间距:左右鼻孔间的距离。

(6) 眼间距离:左右上眼睑内侧缘间最窄距离。

(7) 上眼睑宽:量上眼睑最宽处。

(8) 眼径:与体轴平行的眼的长度。

(9) 鼓膜:量最大的直径。

(10) 前臂及手长:自肘关节至第三指末端。

(11) 前臂宽:量最宽的臂径。

(12) 后肢全长:自体后端正中部分至第四趾末端。

(13) 胫长:胫部两端间的长度。

(14) 足长:自内蹠突的近端至第四趾末端。

(15) 吻棱;(16) 颊部;(17) 咽侧外声囊;(18) 婚垫;(19) 颞褶;(20) 背侧褶;(21) 内蹠突;

(22) 关节下瘤;(23) 蹼;(24) 外侧蹠间之蹼;(25) 肛;(26) 示左右眼部相遇;(27) 示胫跗关节前达眼部;①②③④⑤分别表示指和趾的顺序

1.1.2 外部形态特征

①声囊　大多数种类雄性，在咽喉部由咽部皮肤或肌肉扩展形成的囊状突起,称为声囊。在外表能观察到的为外声囊,反之为内声囊。

②蹼　连接指与指或趾与趾的皮膜,称为蹼。指间一般无蹼,仅少数树栖种类指间有蹼。趾间一般具蹼,蹼的发达程度因种而异(图 3-2)。

③指(趾)吸盘　指(或趾)末端扩大呈圆盘状,大于其基部骨节的横径,此膨大称吸盘。其底部增厚成半月形肉垫,可吸附于物体上(图 3-2)。

隆起。

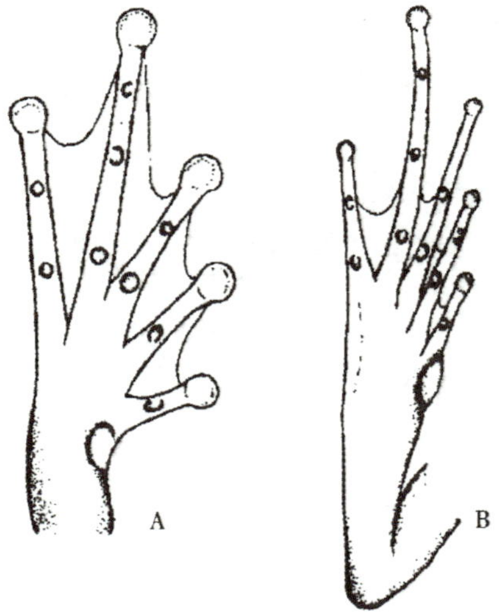

A．全蹼与趾端膨大（湍蛙属）；B．微蹼与趾端不膨大（小岩蛙属）

图 3–2　无尾两栖类足部腹面观

④马蹄形横沟　一般沿指（趾）端吸盘的游离缘有一条凹沟，称为马蹄形横沟，分指（趾）为背腹两面，腹面多肥厚富腺体，呈肉垫状；背面因种类不同而异，如树蛙属透过皮肤可见“Y”形骨迹，湍蛙属有一横凹痕。

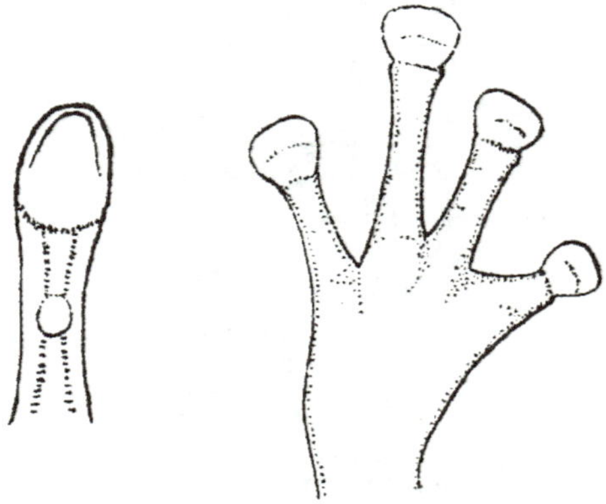

图 3–3　吸盘的马蹄形横沟（左）及指背面凹痕（右）

⑤背侧褶位于背部两侧，一般起自眼后伸达胯部的 1 对纵走皮肤腺隆起。

⑥婚垫　雄性第一指背面基部的局部隆起（图 3–4）。

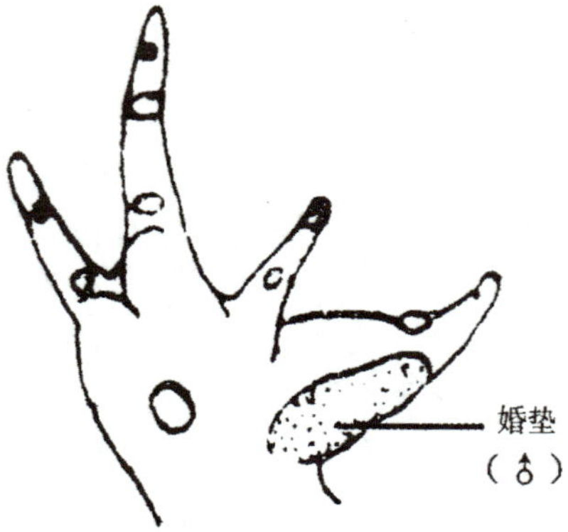

图 3–4　雄性无尾两栖类的婚垫

⑦瘰粒　皮肤上排列不规则、分散或密集而表面较粗糙的大隆起，称为瘰粒。较瘰粒小、光滑的隆起为疣粒；较疣粒更小的隆起为痣粒。

⑧犁骨齿　位于口腔上颚部犁骨上着生的小齿，一般突出于口腔上皮之外，其形态因种类而异(图 3–5)。

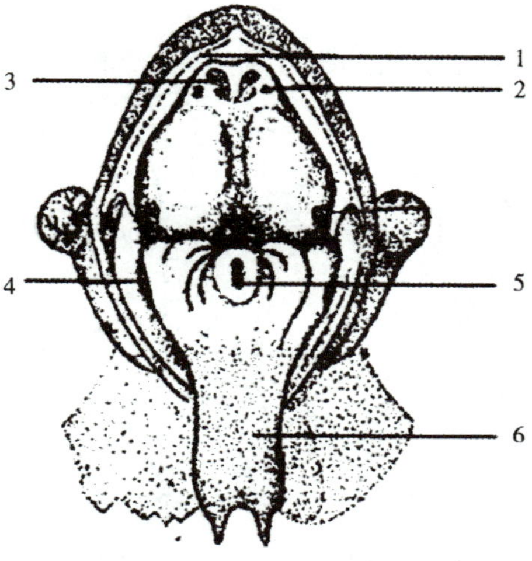

1. 上颌齿 2. 内鼻孔 3. 犁骨齿 4. 声囊孔(♂) 5. 喉门 6. 舌

图 3–5　无尾两栖类的口腔内部观

1.2 有尾两栖动物（见图 3-6）

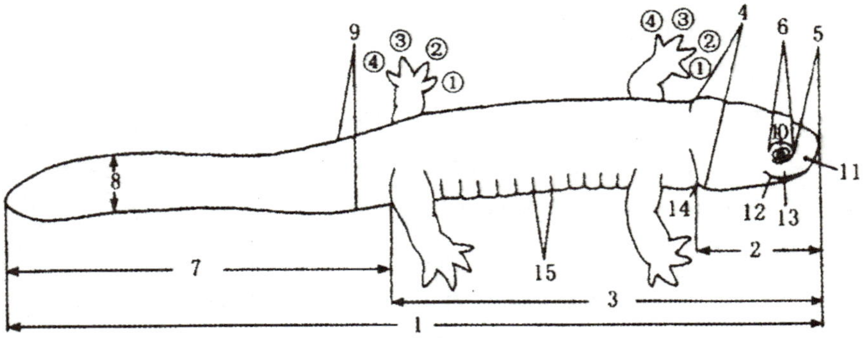

图 3-6　有尾两栖动物的度量

（1）体长：自吻端至尾末端；

（2）头长：自吻端至颈褶；

（3）头体长：自吻端至泄殖孔后缘的长度；

（4）头宽：左右颈褶的直线距离；

（5）吻长：自吻端至眼前角；

（6）眼径：与体轴平行的眼径长；

（7）尾长：自泄殖孔后缘至尾末端；

（8）尾高：尾最高处的距离；

（9）尾宽：尾基部即泄殖孔两侧之间的最大宽度；

（10）上眼睑；（11）鼻孔；（12）口裂；（13）唇褶；（14）颈褶；（15）肋沟；①②③④分别表示指和趾的顺序。

2　野外采集及调查方法

2.1 两栖类的活动规律

所有的两栖动物对生活环境的要求基本上是相同的，必须要有充足的水源，温暖的气候，湿润和适宜的土壤。通常两栖类在 7—8℃的温度下，即陷入麻痹状态，而在 -2℃时就会死亡。两栖动物中，除蟾蜍能耐受较干燥的环境外，大多数两栖类由于身体裸露，不能防止水分的蒸发，因此干燥的气候对两栖动物生活的影响十分明显。一般情况下，失水量超过体重的25%时两栖动物便会死亡。

2.1.1 季节性活动

两栖类在北方一般约4—5月份即开始从蛰眠中醒来，南方则要提前1个月左右。如蟾蜍在2月，黑斑蛙和泽蛙在4月开始活动。有些种类苏醒后立即进入繁殖期，如大蟾蜍；但大部分种类则须过一段时间后才能进入繁殖期，如泽蛙。春夏季是两栖动物繁殖、觅食、活动的最好时期。到了秋天，天气逐渐转冷，两栖动物即进入冬眠期，但不同地区、不同种类冬眠时间有别。不同种类的两栖动物冬眠地点也是不同的，如大鲵多在较深的洞穴或深水内越冬，很少活动；大蟾蜍多潜在水底淤泥或烂草中，也有在陆地上的泥土里越冬；黑龙江林蛙则在河水深处的砂跞或石块下越冬。

2.1.2 昼夜活动

无尾两栖类大多为夜间活动，白天藏匿于隐蔽处，以躲避炎热的天气。如大蟾蜍常隐蔽在杂草丛生的凹穴中；黑斑蛙多隐藏在草丛中，黎明前或黄昏时活动较强，雨后则更加活跃。但也有例外，如泽蛙则多在白天活动。

有尾两栖类一般多在夜间活动。如栖息于山区的溪流或河流中的大鲵，白天潜居于有回流水和细沙的平坦洞穴内（洞穴一般比自己的身体稍大，使其有回旋余地），傍晚或夜间出来活动，但如果遇上气温较高的天气，大鲵在白天也常常离水上陆，或爬到岸边，或伏于倒卧的树干上。

2.2 两栖类生活的环境

两栖类营水陆两栖生活方式，因而在生态类型上，也表现了多样性，不同的种类生活在不同的环境。如有尾目的小鲵、蝾螈等终身营水栖的生活方式。而少数的有尾类和大多数的无尾类营半水栖半陆栖的生活方式，如大蟾蜍、花背蟾蜍等平时营陆地生活，离水较远。黑斑蛙、泽蛙、金线蛙等，常栖息于河流、湖泊、水稻田等地，它们活动于近水的地方。因此，两栖类种类不同采集的时间与方法也不同。

2.3 两栖类标本的采集

对活动能力弱的大蟾蜍、花背蟾蜍及林蛙等,可用手直接捕捉,如果在夜间,利用手电筒照射捕捉效果更好;黑斑蛙等白天反应灵活,但夜间爬上田埂、河岸,在强光下往往呆若木鸡,很好捕捉;一些生活在山涧溪流中的棘胸蛙,白天躲在石缝中,只在夜间才能捕捉到。在水中活动和跳跃能力较强的种类,如黑斑蛙、金线蛙、蝾螈等,可用网捕捉。山溪鲵及某些无尾类,常在山溪乱石块下面藏匿,采集时需搬开碎石才能发现它们。蟾蜍将要冬眠时,一般进入水底,采集时一般用拖网捕捉,即可得到大量标本。有些种类栖息于洞穴、水边或稻田草丛中,如虎纹蛙,可用诱钓法捕捉。方法与钓鱼相似,但不可用钩,只须系上一串蚱蜢之类的诱饵即可,诱钓时要不停地抖动垂饵;一般情况下蛙类吞食诱饵后,不肯轻易松口,因此当其吞食诱饵时即可趁机抽提,易于捕捉。

2.4 两栖类标本的制作及保存

2.4.1 测量

见“两栖类主要形态及度量依据”

2.4.2 成体的固定及保存

将活的两栖动物用乙醚麻醉杀死,然后用清水洗涤。将洗好的标本放置在解剖盘中,向腹腔内注入适量5—10%的甲醛,然后系上标签,并进行编号与登记,最后再放入另一盛有甲醛溶液的容器内固定。固定时要将背部朝上,四肢纠正成生活时的匍匐状态,同时注意指、趾的伸展状况,若有卷曲,可用探针将其拨好位置。固定时间约数小时至一天左右。最后将标本保存在5%的甲醛或70%的酒精溶液内。

2.4.3 蝌蚪及卵的处理

在野外采集到卵及蝌蚪后,除留一部分标本观察外,将其余标本直接放入装有10%甲醛溶液的标本瓶内。大型的蝌蚪,可盖紧标本瓶盖后平置约半小时,使其尾部伸展,然后再将标本瓶竖立放置,用镊子调整蝌蚪使其头部向下,尾部向上,这样可避免头重脚轻而压弯标本。每个标本瓶内放置的标本不宜太多。瓶内一定要填写完备的布质标签,或用硬铅笔在质地坚韧的纸上写明；瓶外也要贴上纸标签。

卵和蝌蚪的处理基本相同。采集的卵或卵带和采集地的水，应一并装入瓶内，不要与蝌蚪或成蛙放在一起，以免压坏。最好将一个成体的卵放在一个瓶内，以便计算卵的数目，同时注明采集时间、地点、海拔高度和环境特征等。另外，还要注明在该地池塘内或附近曾经采到过哪几种蝌蚪或成蛙，以便帮助确定为哪种动物所产的卵。如果难于判断，可培养少数卵，待其孵化成蝌蚪后再进行鉴定。

2.4.4 整理记录

对所处理的各种标本，结合野外观察记录、生活环境、活动状况等，进行登记编号，整理记录（见表 3-1）。

表 3-1　两栖类采集记录表

采集号：			日期：　　年　月　日	
采 集 地	气 温	水 温	湿 度	海 拔
生活习性：				
学名：		地方名：	采集人：	

3　常见两栖动物检索表

世界上现存两栖动物共约 3,600 多种，其中蚓螈目（无足目）有 6 科 34 属 162 种；蝾螈目（有尾目）9 科 62 属 352 种；蛙形目（无尾目）21 科 310 属 3,488 种。我国约有 220 多种，分隶属 3 目 11 科 36 属。安徽省已知 2 目 9 科 35 种，现将常见两栖动物检索如下。

1. 成体具尾，身体细长，后肢不特别大于前肢 ···（蝾螈目 SALAMANDRIFORMES）2
   成体无尾，身体宽短，后肢发达且大于前肢 ···············（蛙形目 RANIFORMES）6
2. 无眼睑，犁骨齿一长列，与上颌齿平行成弧形，体侧具纵皮褶 ························
   ·······································（隐鳃鲵科 Cryptobranchidae）大鲵 *Andrias davidianus*

具眼睑，体侧无明显纵皮褶 …………………………………………………… 3

3. 犁骨齿为二短列或排成“V”形 ………………………………………………………

……………………… （小鲵科 Hynobiidae）商城肥鲵 *Pachyhynobius shangchengegnsis*

犁骨齿排成“Λ”形 ……………………………………………… （蝾螈科 Salamandridae）4

4. 头、体背中央具背棱，体侧具大小分散的瘰粒 …… 中国瘰螈 *Paramesotriton chinesis*

头、体背中央无背棱，体侧较光滑 ………………………………………………… 5

5. 体腹面黑底显红斑，四肢贴体相对时指、趾端不相交 … 无斑肥螈 *Pachytriton labiatus*

体腹面红底显黑斑，四肢贴体相对时指、趾端相交 …… 东方蝾螈 *Cynops orientalis*

6. 上颌无齿（若有齿，则第四指特小）………………………………………………… 7

上颌具齿（锄足蟾科个别例外）…………………………………………………… 13

7. 背皮粗糙具瘰粒，具耳后腺，口裂较大 ……………………… （蟾蜍科 Bufonidae）8

背皮一般较光滑，无耳后腺，口裂较小 …………………… （姬蛙科 Microhylidae）10

8. 头部具黑色骨质棱 …………………………………………… 黑眶蟾蜍 *Bufo melanostictus*

头部无黑色骨质棱 ………………………………………………………………… 9

9. 背部酱色花斑显著，雄性喉下具一内声囊，体长 80mm 以下 … 花背蟾蜍 *Bufo raddei*

背部无显著花斑，雄性无声囊，体长 100mm 以上 … 中华大蟾蜍 *Bufo bufogargarizans*

10. 具趾吸盘，吸盘背面有纵沟 ……………………………………………………… 11

无趾吸盘，如有吸盘时，背面也无纵沟 ……………………………………………… 12

11. 指端具吸盘，背面具纵沟，背正中有一对“))((”状深色小孤斑 ………………………

…………………………………………………………… 小孤斑姬蛙 *Microhyla heymonsi*

指端无吸盘，背后无纵沟 ……………………………………… 合征姬蛙 *Microhyla mixtura*

12. 皮肤厚，雄性腹面有厚腺体 ………………………………… 北方狭口蛙 *Kaloula borealis*

皮肤薄，雄性腹面无厚腺体 ………………………………… 饰纹姬蛙 *Microhyla ornata*

13. 瞳孔多纵置，具耳后腺 …… （锄足蟾科 *Pelobatidae*）淡肩角蟾 *Megophrys boettgeri*

瞳孔不纵置，无耳后腺，指趾关节下瘤一般显著 ……………………………………… 14

14. 舌卵圆形，后端微有缺刻，吻短圆而高，指趾末端均有吸盘 … （雨蛙科 Hylidae）15

舌长圆形，后端缺刻深，吻一般不显著短圆而高 ……………………………………… 17

15. 体侧及股前后无黑斑，足长于胫 …………………………… 无斑雨蛙 *Hyla arborea*

体侧及股前后具大小不等的黑斑 …………………………………………………… 16

16. 眼后二深色细纹向后延伸并在肩部汇合成三角状斑 …… 中国雨蛙 *Hyla chinensis*

眼后二深色细纹向后延伸不汇合，几成两平行线纹，或无细纹 ……………………

…………………………………………………………… 三港雨蛙 *Hyla sanchiangensis*

17. 指、趾末端具宽大吸盘，从吸盘背面，一般可见“Y”形骨迹 ……………………

……………………………………………………（树蛙科 Rhacophoridae）18

不具以上特征，如有吸盘，则其背面具一横凹痕或吸盘很小 ……（蛙科 Ranidae）19

18. 指间具发达的蹼，股后缘无网状斑纹 ………………… 大树蛙 *Rhacophorus dennysi*

指间无蹼，股后缘具网状斑纹 ………………… 斑腿树蛙 *Rhacophorus leucomystax*

19. 指趾末端尖出或稍膨大成球状，无横沟 …………………………………… 20

指趾末端膨大成吸盘，有横沟 ……………………………………………… 29

20. 无背侧褶 ………………………………………………………………… 21

具背侧褶 ………………………………………………………………… 26

21. 鼓膜明显，指趾末端不膨大成圆球状 …………………………………… 22

鼓膜不明显，指趾末端膨大成圆球状 …………………………………… 24

22. 趾间具半蹼 ……………………………………………… 泽蛙 *Rana limmocharis*

趾间具全蹼 ……………………………………………………………… 23

23. 背腹面满布疣粒，眼间距约与鼓膜等大，有外蹠突，体长 60mm 以下，雄性具内声囊

…………………………………………………………… 天台蛙 *Rana tientaiensis*

背面具许多长短不一的肤棱，眼间距较鼓膜小，无外蹠突，体大者 100mm 以上，雄性具一对咽侧下外声囊 ………………………………………… 虎纹蛙 *Rana rugulosa*

24. 雄性前肢特别粗壮，胸部具黑色棘，体大，体长 100mm 以上 … 棘胸蛙 *Rana spinosa*

雄性前肢不特别粗壮，腹面皮肤光滑，体长 60mm 以下 ……………………… 25

25. 具跗褶，雄性头特别大，下颌有二个强大的齿状骨突，肛部皮肤无囊泡状突起 …

……………………………………………………………… 大头蛙 *Rana kuhlii*

无跗褶，雄性不具上述特征，肛部周围皮肤具囊泡状突起组成方形 ………………

…………………………………………………………… 隆肛蛙 *Rana quadranus*

26. 后肢较短，左右跟部不互叠，眼间距很窄，小于上眼睑宽，吻棱不显 …………… 27

后肢长，左右跟部互叠，眼间距宽，与上眼睑等宽，吻棱明显，鼓膜处有明显三角形黑斑 ………………………………………………………… 日本林蛙 *Rana japonica*

27. 趾间全蹼，背侧褶最宽处与上眼睑几等宽 ………………………………… 28

趾蹼缺刻深，背侧褶较窄 …………………………… 黑斑蛙 *Rana nigromaculata*

28. 胫跗关节前伸仅达鼓膜，雄蛙鼓膜一般大于眼径，无声囊 ……………………

………………………………………………………… 湖北金线蛙 *Rana hubeiensis*

胫跗关节前伸达眼，雄蛙鼓膜小于眼径，具一对咽侧内声囊 ……………………

………………………………………………………… 金线蛙 *Rana plancyi plancyi*

29. 雄性前臂或肩部有聚集成团的腺体 …………………………………… 30

无上述特征 ……………………………………………………………… 32

30. 背侧褶宽于或等于上眼睑宽 ………………………………… 阔褶蛙 *Rana latouchii*

背侧褶正常 ……………………………………………………………………… 31

31. 头长大于头宽，雄性上臂基部有一肾形肱腺 ………………… 沼蛙 *Rana guentheri*

头长几等于头宽，雄性体侧肩上方有扁平大肩腺 ……… 弹琴蛙 *Rana adenopleura*

32. 无背侧褶 ………………………………………………………………………… 33

有背侧褶 ………………………………………………………………………… 34

33. 体较大，背部绿色有大棕褐色斑点，可散发臭味 …… 花臭蛙 *Odorrana schmackeri*

体较小，背部棕灰色或棕褐色，不散发臭味 ………… 武夷湍蛙 *Amolops wuyiensis*

34. 上唇缘具白色锯齿状突 ………………………………… 竹叶蛙 *Rana versabilis*

上唇缘无白色锯齿状突 ………………………………………………………… 35

35. 体背面纯绿色，鼓膜不下陷 ………………………………… 大绿蛙 *Rana livida*

体背面棕褐色，雄性鼓膜下陷 ……………………………… 凹耳蛙 *Amolops tormotus*

第四章　爬行类

我国共有爬行动物 320 多种，分属于龟鳖目、蜥蜴目、蛇目和鳄目。爬行类较两栖类更能适应多种多样的生活环境。除龟鳖等水陆两栖生活外，蛇和蜥蜴等大多数爬行类生活在陆地上。爬行类是典型的变温动物，体温随环境温度变化而改变，因此具有明显的昼夜和季节周期性活动规律，以及冬眠的习性。

1　主要的形态学分类依据

1.1 龟鳖目 （TESTUDINATA）

龟鳖类的分类鉴别，主要依据骨骼的构造、四肢形状和表皮结构；属中鉴别还要依据背、腹甲骨板和盾片的形状、数目和排列方式，头部皮肤或鳞片的征状，韧带组织的有无，吻突的长短等。龟壳背甲和腹甲各盾片与骨板是常用的分类特征。

1.1.1 背甲

背甲（图 4–1）外层为盾片，有下列几种：

颈盾：背甲前缘正中的单枚小盾片。

椎盾：颈盾之后，背甲正中的一纵列盾片，一般为 5 枚。

肋盾：椎盾两侧的 2 列宽大盾片，一般左右各 4 枚。

缘盾：背甲外缘一圈除颈盾外的小盾片，一般 12 枚。

臀盾：有的种类如陆龟，背甲后缘正中为单枚角质盾片，称为臀盾。

背甲内层的骨板计有下列几种：

颈板：背板后缘正中的一枚大骨板。

椎板：背部中央一列骨板，一般 8 枚。

肋板：椎板两侧的骨板，通常为 8 对。

臀板：椎板后为 1～3 枚臀板。通常称最后一枚为臀板，前 1～2 枚臀上板；或分别称第一臀上板，第二臀上板。

缘板：背板外缘的小骨板，位于颈板与臀板两侧，左右共 11 对。鳖科动物大多没有缘板。海龟科缘板为单数，一般 23～25，在缘板与肋板间有肋间隙。

1.1.2 腹甲

腹甲（图 4–1）外层的盾片一般为 6 对，左右对称。由前至后依次为喉盾、肱盾、胸盾、腹盾、股盾、肛盾。左右喉盾的接缝叫喉盾缝，喉盾与肱盾的接缝叫喉肱缝，依次类推。海产龟类有的在 1 对喉盾正中前缘尚有 1 枚喉间盾。

腹甲内层的骨板共 9 枚，依次为上腹板、内腹板、舌腹板、下腹板及剑腹板。内腹板位于上腹板与舌腹板中央，变化较大，甚或没有。其余骨板均左右成对排列。

1.1.3 甲桥

甲桥为腹甲的舌腹板与下腹板向两侧延伸，以韧带或骨缝与背甲相连的部分。其上有桥盾。位于前肢后方，面临腋凹的称腋盾。位于后肢前方，面临跨凹的称跨盾。有的在缘盾与腹甲间还有几枚小盾片，称为下缘盾。

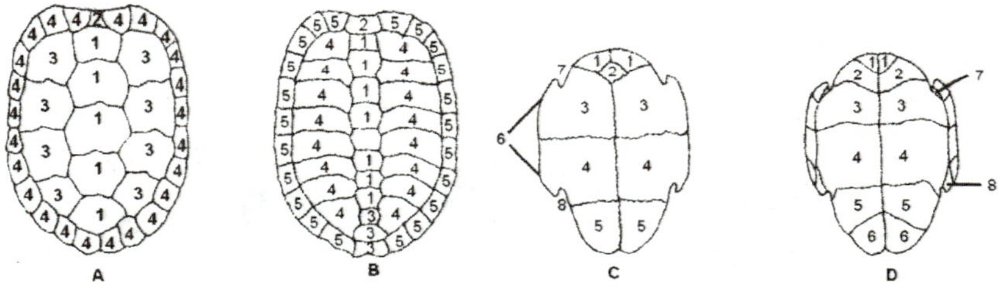

A：1.颈盾 2.椎盾 3.肋盾 4.缘盾（后缘正中一对又称臀盾）

B：1.椎板 2.颈板 3.臀板 4.肋板 5.缘板

C：1.上板 2.内板 3.舌板 4.下板 5.剑板 6.甲桥 7.腋凹 8.胯凹

D：1.喉盾 2.肱盾 3.胸盾 4.腹盾 5.股盾 6.肛盾 7.腋盾 8.胯盾

图 4–1　龟甲的盾片与骨板

1.2 蜥蜴目 (LACERTILIA)

蜥蜴类的鉴别除依据骨骼特征和体表被覆的鳞被征状之外，鼻孔的位置、耳孔的大小、四肢发达的程度、指趾的形态及结构，股窝、鼠蹊窝的有无等，都是分类的鉴别标志。蜥蜴目各属的鳞片大小、形状、数目和排列情况比较稳定，是分类鉴别的主要依据。

头部鳞片的位置和名称如图 4–2。

1.2.1 鳞片的类型

方鳞：身体腹面近似方形的大鳞，如蜥蜴科。

圆鳞：通身近似圆形的大鳞，如石龙蜥科。

粒鳞：小而略圆，平铺排列，如壁虎科。

疣粒：疣状，分布于粒鳞间。

棱鳞：鳞片上起棱，如草蜥属的背鳞。

1.2.2 头背面的鳞片

蜥蜴类头背部的鳞片如图 4–2（背面）所示

吻鳞：吻端中央单片大鳞，背面或侧面都能看见。

上鼻鳞：吻鳞之后，左右鼻鳞间的成对鳞片，有些种类没有。

额鼻鳞：上鼻鳞后的单枚鳞片，少数种类成对。

前额鳞：额鼻鳞后的 1 对，彼此相接或分离，或多于 1 对，或单片。

额鳞：额鼻鳞正后方的单片长形大鳞。如有顶眼常位于其上。

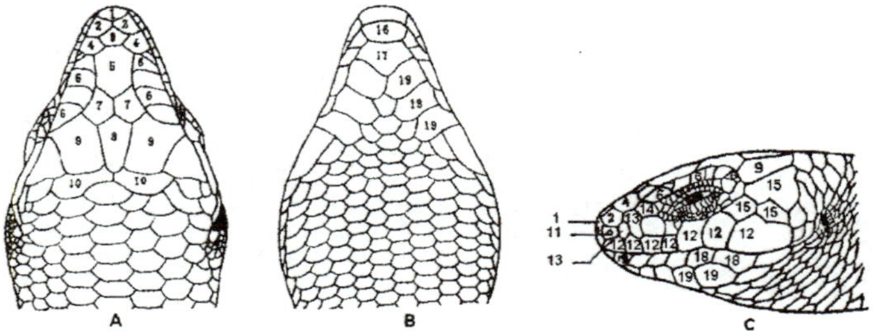

1. 吻鳞 2. 上鼻鳞 3. 额鼻鳞 4. 前额鳞 5. 额鳞 6. 眶上鳞 7. 额顶鳞 8. 顶间鳞 9. 顶鳞 10. 颈鳞 11. 鼻鳞 12. 上唇鳞 13. 颊鳞 14. 上颊鳞 15. 颞鳞 16. 颏鳞 17. 后颏鳞 18. 下唇鳞 19. 颏片

图 4–2 蜥蜴类头部鳞片

额顶鳞:紧接额鳞后的一对大鳞。

顶鳞:额顶鳞之后的一对大鳞。

顶间鳞:额顶鳞与顶鳞之间的一枚大鳞。

颈鳞:顶鳞后方1至数对大鳞片,大于其后的背鳞。

1.2.3 头部两侧及腹面的鳞片

蜥蜴类头部两侧及腹面的鳞片如图4-2(侧面、腹面)所示

鼻鳞:鼻孔周围的鳞片,1~3枚。

后鼻鳞:鼻鳞后方的小鳞,常缺。

颊鳞;鼻鳞或后鼻鳞之后的1~2枚鳞片。

眶上鳞:额鳞与额顶鳞两侧的对称鳞片,一般2~4对,亦有5对的。

上睫鳞:眶上鳞外侧的1排小鳞。

颞鳞:位于眼后,在顶鳞和上唇鳞之间,分前后排列,分别称前颞鳞和后颞鳞,亦有未分化出颞鳞的。

上唇鳞:吻鳞之后沿上颌唇缘的鳞片。

颏鳞:下颌前端正中的单片大鳞。

后颏鳞:颏鳞后方不对称的鳞片,前后排列,或单枚,或不存在。

下颏鳞:颏鳞之后沿下颌唇缘的鳞片。

颏片:颏鳞后方左右对称的大鳞,一般2~4枚。

其他构造:

睑窗:下眼睑中央的无鳞透明区,如滑蜥。

瓣突:耳孔边缘鳞片突出部分形成的叶状物,如石龙子科某些种。

肛前窝:肛前部分鳞片上的小窝,呈一横排,如壁虎科某些种。

鼠蹊窝:鼠蹊部鳞片上的小窝,1至数对,如草蜥。

股窝:股部腹面部分鳞片上的小窝,由几对到几十对排列成行,如鬣蜥科某些属。

栉状缘:指、趾侧缘的鳞片突出成锯齿状,如沙蜥。

1.3 蛇目 (SWRPENTIFORMES)

蛇目分类上,科和亚科的鉴别主要依据骨骼的构造和牙齿的特点;对属与种的鉴定,主要依据鳞片的形状、数目、排列和起棱情况,以及外部器

官如鼻孔的大小与位置、眼的大小、瞳孔的形状,雄性交接器的结构等。蛇头部鳞片的位置和名称如下图。

1.3.1 头背面的鳞片

蛇头背面的鳞片如图 4-3(背面)所示

吻鳞:吻端正中的 1 单片鳞,其下缘通常有缺凹,细长分叉的舌即由此伸缩。半环扁尾海蛇的吻鳞横分尾上下 2 片。

鼻间鳞:在吻鳞正后方左右鼻鳞之间,通常 1 对,有的种类没有(如两头蛇和大部分海蛇)

前额鳞:通常 1 对,在鼻间鳞后方。

额鳞:单片,呈六角形,位于头顶中央两眶上鳞之间。

顶鳞:额鳞后方的 1 对大鳞,闪鳞蛇属尾前后 2 对,并在 4 片顶鳞间有 1 顶间鳞。

枕鳞:顶鳞后方的 1 对大鳞,仅眼镜王蛇有。

1.3.2 头侧面的鳞片

头侧面的鳞片的鳞片如图 4-3(侧面)所示

鼻鳞:鼻孔开口于鳞上,有的种类鼻鳞是完整的 1 片,有的种类有 1 条裂缝把鼻鳞部分或全部分开,成为前后两半。

颊鳞:通常 1 片,介于鼻鳞与眶前鳞之间。

眶前鳞:位于眼前缘,1 至数片。

眶上鳞:位于眼上缘,正常 1 片。

眶后鳞:位于眼后缘,1 至数片。

眶下鳞:多数种类没有,眼下缘是上唇鳞。如有,为长条形,为眼下缘,或形小,位于眼前下方,称眶前下鳞;位于眼后下方的,称眶后下鳞。

颊鳞:鼻眼之间的陷窝,仅蝮亚科蛇类有。窝下的狭长鳞片称下鳞。

颞鳞:位于眶后鳞后方,介于顶鳞与上唇鳞之间。通常有前后 2 列,分别称为前颞鳞和后颞鳞,通常以数字式表示,如“2+2”即前后颞鳞都是 2 片。

上唇鳞:吻鳞后方上颌颌缘的鳞片,向上直达眼下的称入眶或入眼,以数字式表示,如“4—2—3”,即说明上唇鳞 9 片,其中第五片和第六片入眶,其前 4 片,其后 3 片。

1.3.3 头腹面的鳞片

蛇类头腹面的鳞片如图 4-3(腹面)所示

颏鳞:单片,位于下颌前缘中央,与吻鳞相对应。

下唇鳞:颏鳞后方,下颌颌缘的鳞片。

颏片:位于颏鳞之后,左右下唇鳞之间,狭长,通常 2 对,分别称前颏片和后颏片。前颏片似彼此相切,后颏片之间有小鳞隔开,左右颏片形成的鳞缝,称颏沟。

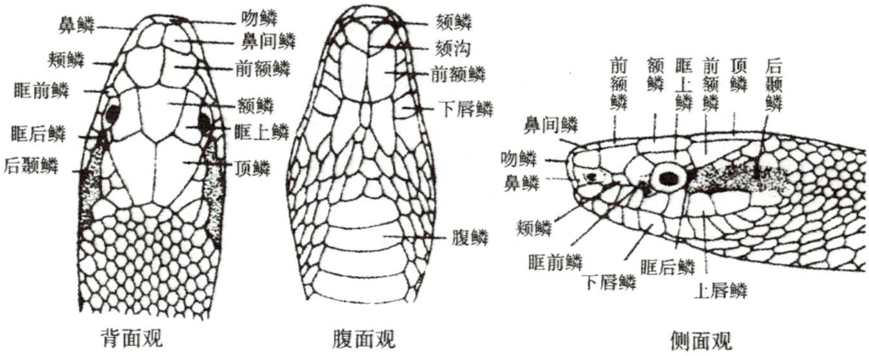

图 4-3 蛇类的头部鳞片

1.3.4 躯干及尾部的鳞片

背鳞:除腹鳞和肛鳞以外被覆于躯干的鳞片,统称背鳞。一般数鳞行时,取颈段(头后 1~2 个头长处)、体中段(吻端与泄殖腔孔间的中点处)和体后端(泄殖腔孔前 1~2 个头长处)3 个数据,可用数字式表示,如 21—19—17,表示背鳞在颈段 21 行,体中段 19 行,体后段 17 行。

数鳞的方法有 3 种,无论哪一种数法,所得数字不变。斜线法:自一侧第一枚背鳞(与一侧腹鳞相接)开始,向前或向后,按 1,2,3……顺序斜线计数,直至对侧最后 1 枚背鳞(与对侧腹鳞相接)为止。人字法:亦自一侧第一枚背鳞开始,同上法向后按 1,2,3……顺序斜线计数,数至背正中线向前或向后折回计数,直至对侧最后 1 枚背鳞为止。一字法:自一侧第一枚背鳞开始,以 2 列背鳞按 12,34,56,78……横向一字计数,直至对侧最后 1 枚背鳞为止。

脊鳞:背正中线的背鳞,有的种类脊鳞扩大,如环蛇属、过树蛇属。

腹鳞(图 4-4):躯干腹面,肛鳞前方中央的 1 整行横展的宽鳞片。半水栖种类腹鳞不发达，长期适应水生的海蛇，腹鳞有不同程度的退化，变小或消失。

肛鳞（图 4–4）：覆于泄殖肛孔之外的半圆形鳞片，通常纵分为 2 片或是完整的 1 片。

尾下鳞（图 4–4）：位于尾部腹面，通常成对。有的种类是单行，如环蛇属、脊蛇属；有的种类则成对或单行兼有。

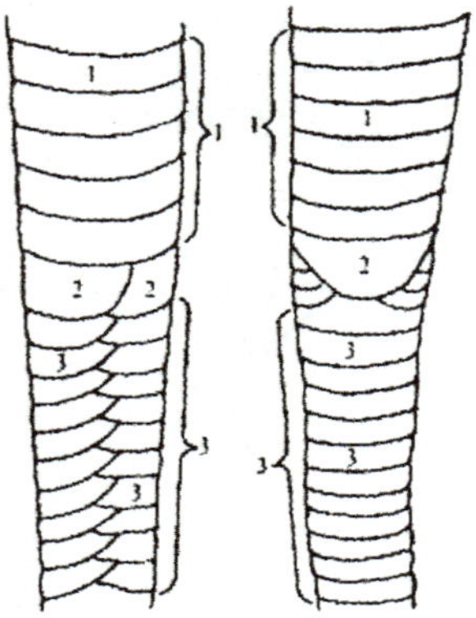

缸鳞 2 片，尾下鳞双行　缸鳞 1 片，尾下鳞单行

1. 腹鳞 2. 肛鳞 3. 尾下鳞

图 4–4　蛇的肛鳞及尾下鳞

2. 野外采集及调查方法

2.1 蛇类的捕捉工具

①蛇叉钳（图 4–5）：适用捕捉 10 斤以下的蛇类。

②蛇叉（图 4–5）：为长 1—1.5 米，前边具叉的棍棒，叉口大约成 60 度角。前端钉有坚固且有弹性的胶片，以便卡住蛇体同时又不损伤蛇体。

③采集箱：采集箱上下端可用白铁皮制成，长方形，或圆形，上有插板小拉门，四周用钢丝网。或用有螺丝口的塑料桶代替，供野外装蛇和工作地麻醉用。一般的无毒蛇也可用布袋或蛇皮袋装。

④其他工具:高统靴或胶鞋、厚帆布山袜和手套。

⑤用具和药品:文具用品包括野外实习记录本(小型)、地图铅笔、解剖刀、标签、整理资料的统计表格、实习总结报告纸等。药品及浸制用具包括甲醛、酒精、氯仿或乙醚等。

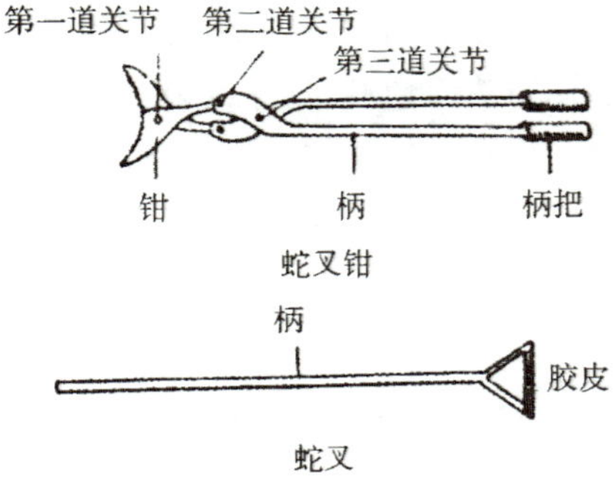

图 4-5　捕蛇的工具

2.2 蛇类的采集

采集蛇类准备好工具,并要提高警惕。访问当地群众,弄清蛇类栖息地点,观察蛇地活动规律,以掌握捕蛇地时机。如南方的蛇在傍晚或黄昏时活动,特别在闷热的低气压天气更为活跃,也易遇见和捕捉。

发现蛇类后,要根据不同的种类和所在位置的具体情况使用蛇钩、蛇叉或其它工具捕捉。一般来说在较为开阔平坦的地方,当发现蛇后,悄悄接近,用蛇叉口对准蛇颈(如蛇头过小,可将蛇叉倾斜)张把,迅速钳住,然后送入装蛇的采集箱内。也可迅速用蛇叉压住蛇的颈部,再用捉住蛇的头颈部,或先用脚踏住头,再用手捏住颈部,直接装入采集箱。但为了安全,可将捕住的蛇轻打头部(不要损伤头部的鳞片)使其昏迷,然后再装入采集箱内。如在草丛或凹凸不平的地方或石缝、洞口,则先用蛇钩将其勾挪到较平坦处,再用蛇钩的平面按住或用蛇叉叉住其颈部。捕捉五步蛇、眼镜蛇等较大而凶猛的毒蛇时,一般让其伏地逃跑时,从其后面用蛇叉叉住蛇颈(如叉住身体的前半段,则调整移动蛇叉的位置,最后叉住颈部),然后用手掐住其颞部,另一手掐住蛇尾,将其投入(先松尾部,后松头部,迅速投入)蛇笼中。

一般在蛇类采集中不提倡徒手捕捉(除非有相当经验的人);另外捕

蛇时不能一人单独行动,必需有2~3人互相配合。

2.3 蜥蜴类的采集

我国所产的蜥蜴大多数是小型种类,且均无毒,故一般可用手捕捉,或采用一些简单的工具和方法捕捉。我国蜥蜴分布得较为广泛,其中少数种类生活在寒冷或干燥的荒漠地域,如荒漠麻蜥;有的种类在屋舍的天花板或墙壁上,如无璞壁虎;有的滑翔于树枝间,如斑飞蜥;有的潜伏在岩石缝隙或藏于草丛中,如蝘蜓和北草蜥。

采集时首先应了解它们的栖息地点和生活习性,有利于采集。

①软树条扑打

在看准蜥蜴后一般可采用柔软的树枝迅速扑打蜥蜴的头部或躯体,使其暂时受震不能活动,随即拾起放入容器内。在沙地或平地上,可用带叶枝条扑打,因其面积大,易于击中,又不易损伤鳞片或体躯。

②活套法

用根长约2米的竹竿。其末端结一马尾或尼龙丝的活套,当遇见蜥蜴,待它抬头凝视时,乘机将竹竿轻轻伸出去,套住颈部,立刻拉回,或摇动马尾套,挑逗蜥蜴,待其仰头时,迅速将活套对准蜥蜴头部扣下,即提起拉回。此法适于捕捉树上活动的种类。

③蝇拍追捕或用小网扣捕

此法对捕捉小型蜥蜴均可收到较好效果。

④诱钓法

对于石缝中的种类,使用诱钓(用1~2尺长的棉线系上昆虫即可)方法简单,效果较好。

2.4 龟鳖类的捕捉

可以根据龟类的活动规律,利用其到陆地上觅食或产卵的习性加以捕捉,如将捣碎的菜子饼撒在龟类经常出入的地方,如田埂或池塘边。到夜晚,由于菜子饼散发的香味引诱龟前来摄食,这时可借手电筒或其他照明工具的光亮进行捕捉。捉鳖时机以夏、秋两季为宜。捉鳖首先要寻找水中有无鳖进食后剩下的碎螺壳和像鼠粪一样的鳖粪,也可根据溪流岸边,或有青苔的岩石上,有无留下鳖爬行的足迹,以辨别是否有鳖及其活动的方向。若在平展的泥沙上,有隆起的松散的新泥沙,呈弯月状或八字形,这就是鳖钻在泥沙中留下的痕迹。可用钝头铁叉或棍棒试探,如触到鳖甲,有滑溜溜的感觉,并可听到一种扑扑的响声。此时应迅速用脚踏住,用手摸到鳖后脚胯下的两个凹进部位,即可捉住。钻入洞中的鳖总是头朝里,尾向外,伸手捉住后腿,可从洞中拖出。在洪水季节,河水浑浊,鳖多在水面活动,鼻孔向上露出水面,很容易发现,可用扒网捕捞。

3. 爬行类各分目、科、种的特征及检索方法（主要依据外部特征）

3.1 爬行类分目检索

1. 体短而扁平，尾短，背腹有骨质硬甲；上下颌无齿为角质喙；外鼻孔在吻端 …………………………………………………………… 龟鳖目 Testudoformes

   体长,无硬甲;有齿,外鼻孔在吻端背面 …………………………………………… 2

2. 体长大,皮肤革质,具近方形角质大鳞及背板;锥形齿着生在颌骨的齿槽中,次生腭后移至咽部 ……………………………………………………… 鳄目 Crocodiliformes

   体不大,被有覆瓦状或镶嵌排列的鳞,无槽生齿;无次生腭 ……………………… 3

3. 有四肢,偶缺四肢者亦有肩带;有活动的上下眼睑和鼓膜;齿着生在颌骨的表面,侧生或端生;有胸骨 ………………………………………………………… 蜥蜴目 Lacertilia

   无四肢亦有肩带;无活动的眼睑和鼓膜;无胸骨;左右下颌骨以韧带相连,端生齿 ………………………………………………………………………… 蛇目 Ophidia

3.2 龟鳖目 TESTUDOFORMES 分科检索

1. 背腹甲表面被角质盾片 ……………………………………………………………… 2

   背腹甲表面被革质盾片 ……………………………………………… 鳖科 Trionychidae

2. 腹盾与缘盾间有下缘盾;头大尾长不能缩入壳内 ……………………………… ……………………………………………………………… 平胸龟科 Platysternidae

   腹盾与缘盾间无下缘盾 ………………………………………………… 龟科 Emydidae

3.2.1 平胸龟科 PLATYSTERNIDAE 特征及分种检索

背甲扁平,通过下缘盾以韧带与腹甲相连。头大,尾长,均不能缩入壳内。头背覆以完整的角质盾片。腭呈强钩状。颞部完全为骨片覆盖，眶周仅围以上腭骨及眶后骨。四肢发达，有蹼及爪。腋、跨部有臭腺。本科为单属单种。

3.2.2 龟科 EMYDIDAE 特征及分种检索

头背覆以皮肤，或在枕部具细鳞。背甲略隆起。背腹甲通过缘盾以骨缝或韧带相连，无下缘骨。头、颈、四肢及尾能完全缩入壳内。指、趾多少具蹼，多为水栖、半水栖生活。

本科中国有 8 属 23 种。分种检索如下：

1. 胸盾与腹盾间有明显的韧带组织，腹甲前后两半可以活动 ………………………… 2
   胸盾与腹盾间无明显的韧带组织，腹甲前后两半不能活动 ……………………… 3
2. 腹甲后缘有明显缺刻；背甲略扁 ………………………… 金头闭壳龟 *C.aurocapitata*
   腹甲后缘圆，无缺刻；背甲较隆起黄缘盒龟 ……………………………… *C.flavomarginata*
3. 头顶后部具细粒鳞 ………………………………………………………………………… 4
   头顶后部平滑 ………………………………………………………………………………… 5
4. 头较小，头宽不及背甲宽的 1/4 ……………………………………… 乌龟 *C.reevesii*
   头较大，头宽几达背甲宽的 1/2 ………………………… 大头乌龟 *C. megalocephala*
5. 腹甲后缘缺刻甚深，盾片无虫纹，头顶无眼斑 ……………… 黄喉拟水龟 *M. mutica*
   腹甲后缘微凹，盾片密布虫纹，头顶有显著眼斑 …………… 眼斑水龟 *S. bealei*

3.2.3 鳖科 TRIONYCHIDAE 特征及分种检索

体扁平，呈椭圆形或卵圆形。上下颌有肉质唇，吻延长成管状称吻突。鼻孔开口与吻突尖端。鼓膜不明显，颈长，头与颈全部能缩入壳内。

吻突极短，不到眼径的一半；体大 ……………………………………………… 鼋 *P. bibroni*

吻突较长，约等于眼径；体较小 ………………………………………………… 鳖 *T. sinensis*

3.3 蜥蜴目 LACERTIFORMES 分科检索

1. 无四肢，体呈蛇形 ………………………………………………………… 蛇蜥科 Anguidae
   有四肢，体呈蜥蜴形 …………………………………………………………………… 2
2. 头顶无对称排列的大鳞，体背被粒鳞 ……………………………… 壁虎科 Gekkonidae
   头顶具对称排列的大鳞，体背非粒鳞 ………………………………………………… 3
3. 有股窝或鼠蹊窝，腹鳞近方形 …………………………………………… 蜥蜴科 Lacertidae
   无股窝或鼠蹊窝，腹鳞近圆形 …………………………………………… 石龙子科 Scincidae

3.3.1 壁虎科 GEKKONIDAE 特征及分种检索

体较小，背腹扁平，头顶无对称排列的大鳞；皮肤柔软，背面被均一的粒鳞或混杂有较大的疣鳞；腹鳞大而平滑，圆形或六角形，覆瓦状排列。眼大，瞳孔多垂直，无活动眼睑。鼓膜多外露，内陷。雄性具肛前窝、肛股窝。尾易断，但再生力强。本省产 3 种。

1. 背面疣鳞较大而稀少 ………………………………… 无蹼壁虎 *G. swinhonis*

背面疣鳞多，尤以背前方及枕部较多 ………………………………………… 2

2. 尾基部有 3 枚大鳞片，前臂颌小腿背面均有疣鳞 ………… 多疣壁虎 *G. japonicus*

尾基部只有 1 枚大鳞片，四肢背面无疣鳞 ………………… 铅山壁虎 *G. hokouensis*

3.3.2 石龙子科 SCINCIDAE 特征及分种检索

体型一般中等大小。头顶有对称排列的大鳞，通身被以覆瓦状排列的圆鳞，鳞片下方均承以来源于真皮的骨板。眼较小，多数有活动眼睑；瞳孔圆形。鼓膜深陷或被鳞。舌较长而扁，前端微缺，被鳞状乳突。侧生齿，尖状或钩状，齿冠侧扁或圆形。有颞弓及眶后弓，但不发达。尾较粗，横切面圆形；尾易断，断后可再生。四肢发达或退化或缺，随着四肢的退化，身体相应延长。无股窝或鼠蹊窝。以陆生生活为主，亦有半水栖、树栖或穴居。白昼或夜间活动。多数种类食昆虫或其幼虫。体型较大者也吃小型脊椎动物，少数种类兼食植物。卵生或卵胎生。

1. 下眼睑中央有一透明睑窗 ……………………………… 宁波滑蜥 *S. modestum*

下眼睑被小鳞 ……………………………………………………………… 2

2. 有上鼻鳞 …………………………………………………………………… 3

无上鼻鳞 ………………………………………………………… 蝘蜓 *S. indicus*

3. 后颏鳞 1 片 ……………………………………………… 蓝尾石龙子 *E. elegans*

后颏鳞 2 片 ………………………………………………… 石龙子 *E. chinensis*

3.3.3 蜥蜴科 LACERTIDAE 特征及分种检索

体细长。眼睑发达，瞳孔圆形，鼓膜裸露；舌长而薄，先端缺刻深，有排成横行或“∧”形鳞状乳突；侧生齿。头顶有对称大鳞，有不发达的颞弓及眶弓；背鳞形状不一；腹鳞大，多为方形或矩形，纵横排列成行。尾长，易断，可再生；四肢较发达，常有股窝或鼠蹊窝。生活在开阔地草丛中，林下，或树栖。食昆虫。卵生或卵胎生。

1. 体背被粒鳞；股部腹面具股窝 ………………………………………………… 2

体背被大型棱鳞；具鼠蹊窝 ……………………………………………………… 3

2. 眶下鳞常达唇缘；背中段体鳞一横排 38—50 枚，尾长超过头体长 1.5 倍 …………
……………………………………………………………… 山地麻蜥 *E. brenchleyi*

眶下鳞不达唇缘；背中段体鳞一横排 42—67 枚，尾长短于头体长 1.5 倍 …………
………………………………………………………………… 丽斑麻蜥 *E. argus*

3. 颏片 3 对，腹鳞起棱 ………………………………… 北草晰 *T. septentrionalis*

颏片 4 对，腹鳞平滑或微棱 ……………………………… 白条草蜥 *T. walteri*

3.3.4 蛇蜥科 ANGUIDAE 特征及分种检索

体形似蛇，四肢消失或退化，体侧有纵沟；中国所产种类仅有肢带残余，无四肢。眼较小，能活动；舌长，先端分叉或有深缺刻，舌上有鳞状乳突，舌基厚实，被绒毛状乳突，舌尖多少能缩入舌鞘内；具不同形状的侧生齿，尖锐微弯或结节状；头骨有颞弓和眶后弓。头顶具对称大鳞；躯干和尾被以覆瓦状圆鳞，鳞下承以真皮骨板；尾长，易断，能再生；无肛前孔或股孔。陆生，许多种类口伏洞穴中，夜晚出来活动；食昆虫或其他无脊椎动物。卵生或卵胎生。中国产 1 属 4 种，黄山仅一种脆蛇蜥 *O. harti*。

3.4 蛇目 SERPENTIFORMES 分科检索

1. 上颌骨前端无毒牙 …………………………………………………… 游蛇科 Colubridae
   上颌骨前端有较大的毒牙 ……………………………………………………… 2
2. 上颌骨前端具较长的前沟牙，上颌骨不能竖立；瞳孔一般为圆形；头椭圆；体尾的长短、粗细均匀称 …………………………………………………… 眼镜蛇科 Elapidae
   上颌骨前端有甚长的管牙，可作平卧式或竖立活动；瞳孔一般为直立椭圆形 ……………………………………………………………… 蝰科 Viperidae
3. 眼与鼻孔间无颊窝 …………………………………………………… 蝰亚科 Viperinae
   眼与鼻孔间有颊窝 …………………………………………………… 蝮亚科 Crotalinae

3.4.1 游蛇科 COLUBRIDAE 特征

这是蛇目中种数最多的一科，包括 2 / 3 现在生活着的蛇类。由于种类多，分布于世界各地，随生活方式的变化而有差异。营树栖生活的蛇类，适应攀树缠绕的结果，不仅蛇体长，尾亦特别长细，腹鳞宽扁。穴居的种类则体呈圆柱形，尾很短。水栖或半水栖的类群，体形较树栖的粗短，尾亦较短，腹鳞较窄，鼻孔位于背面，便于呼吸。陆栖类群，体形细长适中，尾较细长。本科的蛇类，头背面覆盖大而对称（只额鳞单枚）的鳞片，背鳞覆瓦状排列成行，腹鳞横展宽大。上颌骨不能竖立，其上生有细齿，少数种类（后沟牙类），最后 2 ~ 4 个细齿形成较大而有纵沟的牙，称沟牙，这种蛇称后沟牙类毒蛇。本科已知近 300 属，约 1 400 种分隶于 7 ~ ll 亚科。中国产 36 属141 种，分隶于水游蛇（仰鼻蛇）亚科 HOMALOPSINAE、钝头蛇亚科 PAREINAE、游蛇亚科 COLUBRINAE 和闪皮蛇亚科 XENODERMINAE。

游蛇亚科 COLUBRINAE 特征

这是游蛇科中一个大类群，现存蛇类的三分之二隶属于本科。陆栖、树栖、半水栖、穴居的种类都有。头背有被覆对称的大鳞。背鳞排列成行，覆瓦状；通常都有较大的腹鳞；组成颌颅的各骨片联接疏松，适于口裂极度张开；一般上颌有无沟的细齿，部分种的上颌后端有 2—4 枚较大的有沟牙，无带骨。半阴茎通常装饰有刺和萼状突。繁殖方式多样，有卵生、卵胎生。

游蛇科蛇类检索

1. 鼻孔开于吻两侧 …………………………………………………………………… 2

   鼻孔开于吻背，左右鼻鳞相切，鼻间鳞 1 枚，位于鼻鳞后 …… 中国水蛇 *E. chinensis*

2. 无颊沟 …………………………………………………………………………… 3

   有颊沟 …………………………………………………………………………… 4

3. 有眶前鳞 …………………………………………………… 钝头蛇 *P. chinensis*

   无眶前鳞，颊鳞入眶甚多 …………………………………… 平鳞钝头蛇 *P. boulienger*

4. 尾下鳞双行；肛鳞 1—2 枚 …………………………………………………………… 5

   尾下鳞单行；肛鳞 1 枚；背鳞披针形，略具闪光 ………………… 黑脊蛇 *A. spinalis*

5. 上颌齿列无沟牙 ……………………………………………………………………… 6

   上颌齿列后部有沟牙 …………………………………………… 绞花林蛇 *B. kraepeliri*

6. 背鳞行数为偶数 16 或 14 行 …………………………………… 乌梢蛇 *Z. dhumnades*

   背鳞行数为奇数 …………………………………………………………………… 7

7. 无鼻间鳞及颞鳞，尾端钝圆与头相似 ……………… 钝尾两头蛇 *C. septentrionalis*

   有鼻间鳞及颞鳞 …………………………………………………………………… 8

8. 具 2 枚或 2 枚以上的颊鳞 …………………………………………………………… 9

   颊鳞仅 1 枚或无 …………………………………………………………………… 10

9. 背鳞 15—15—11，腹鳞 185 枚以下，上唇鳞后缘无黑色斑纹，体背有深浅相间的纵纹 ……………………………………………………………… 灰鼠蛇 *P. korros*

   背鳞 19—17—14，腹鳞 185 枚以上，上唇鳞后缘有黑色斑纹，体背无深浅相间的纵纹 ……………………………………………………………… 滑鼠蛇 *P. mucosus*

10. 前额鳞 1 枚 …………………………………………………… 山溪后棱蛇 *O. latouchii*

    前额鳞 2 枚 …………………………………………………………………………… 11

11. 头部略呈三角形，头背大鳞粗糙，颞鳞起棱 ……………………… 颈棱蛇 *M. rudis*

    头部椭圆形，头背大鳞平滑，颞鳞不起棱 ……………………………………… 12

12. 吻鳞在背面能见到的部分较多 ……………………………………………………… 13

    吻鳞在背面见不到或仅能见其上缘 ………………………………………………… 14

13. 背鳞通身 15 行，无颊鳞 …………………………………… 饰纹小头蛇 *O. ornatus*

    背鳞中段 17 行，有颊鳞 ……………………………………… 小头蛇 *O. chinensis*

14. 背鳞行数通身一致 …………………………………………………………………… 15

    背鳞行数前后不一致 ………………………………………………………………… 16

15. 背鳞通身 15 行，体绿色 ……………………………………… 翠青蛇 *E. major*

    背鳞通身 17 行，体棕褐色，枕部有一黑斑 ……… 黑头剑蛇 *S. chinensis chinensis*

16. 上颌齿有 1 个或 2 个无齿区，第一个无齿区前方的齿大于后方的齿 ………… 17

上颌齿没有无齿区 ……………………………………………………………………… 18

17. 上颌齿最后一齿群有 3 枚齿，体背黑褐色具黄色或红色横纹 ………………… 18

上颌齿最后一齿群有 2 枚齿，体背黑褐色，具白色横纹 … 黑背白环蛇 *L. ruhstrati*

18. 背鳞中央数行微棱，颊鳞常入眶，具浅黄色窄横纹 ……… 黄链蛇 *D. flavozonatum*

背鳞平滑，或体后中央数列微棱，颊鳞常入眶，具红色横纹 ………………………

……………………………………………………………………… 赤链蛇 *D. rufozonatum*

19. 体前部背鳞成明显斜行 ………………… 花尾斜鳞蛇 *P. stejnegeri striaticaudatus*

体前部背鳞成不成斜行 …………………………………………………………… 20

20. 眶后鳞 2 枚（极少数例外）背鳞 19—27 行，平滑或具棱 ……………………… 21

眶后鳞 3 枚（极少数 2 或 4 枚）背鳞 15—19 行，全部具棱或最外 1—2 行平滑 … 29

21. 背面绿色，幼体棕褐色，肛前鳞超过 15 行 ………………… 灰腹绿锦蛇 *E. frenata*

背面非绿色，肛前鳞一般 17 行以上 …………………………………………… 22

22. 通身以棕黑为主，具稀疏的黄色横斑，完整的斑纹在背脊交错呈“X”形 …………

……………………………………………………………………… 棕黑锦蛇 *E. schrenckii*

体非棕黑色，不具上述斑纹 …………………………………………………… 23

23. 体及尾背具黑褐色马鞍形斑纹 ………………………… 紫灰锦蛇 *E. porphyracea*

体背不具横斑，有其它斑纹 …………………………………………………… 24

24. 体背呈明显纵纹 ……………………………………………………………… 25

体背不具纵纹，有其它斑纹 …………………………………………………… 27

25. 背鳞平滑，体尾背有 4 条黑褐色纵纹 …………………… 红点锦蛇 *E. rufodorsata*

背鳞具弱棱，具不同纵纹 ……………………………………………………… 26

26. 体背前段有梯形黑纹，从中段开始有 4 条黑纵纹达尾末端，眼后有一黑色眉纹 …

……………………………………………………………………… 黑眉锦蛇 *E. taeniura*

头背部有暗褐色倒“U”字形斑，体尾背部有 3 条浅色纵纹，并有排列规则的深色斑

……………………………………………………………………… 白条锦蛇 *E. dione*

27. 背鳞具强棱，体尾背面黑黄混杂，头背鳞缘黑色，中央黄色，形成“王”字形黑斑纹

……………………………………………………………………… 王锦蛇 *E. carinata*

背鳞平滑或具微棱，有其它斑纹 ……………………………………………… 28

28. 体尾背面有明显的有鲜明的黑色菱形大斑，菱形中央色较浅 ………………………

……………………………………………………………………… 玉斑锦蛇 *E. mandarina*

体尾背面有 2 行黑褐色粗大点斑，左右相连略似哑铃状 … 双斑锦蛇 *E. bimaculata*

29. 半阴茎分叉 ……………………………………………………………………… 30

半阴茎不分叉，精沟亦不分叉，体腹外侧各有一条纵链纹 ……………………… 33

30. 精沟分叉体侧具黑斑点 ……………………………………………………………… 32

精沟单一通向左侧，体侧和体腹有横斑或环纹 ……………………………… 31

31. 背面淡灰色，有众多明显黑褐色环纹，绕周身；腹面环纹之间杂有橙黄色或橘红色 ……………………………………………………… 赤链华游蛇 *S. amnularis*

背面青灰色，黑褐色环纹不甚明显，体侧和腹面环纹清楚，无橙色或橘红色斑 …… ……………………………………………… 华游蛇 *S. percarinata percarinate*

32. 鼻间鳞前宽后窄；上颌无齿间隙，后部上颌齿逐渐增大或突然增大 …………… ……………………………………………………………… 渔游蛇 *X. piscator*

鼻间鳞前窄后宽；上颌前方通常有一齿间隙，最后 2 枚上颌齿明显增大，颈侧和体侧有黑红交互排列的块斑 ……………………… 虎斑颈槽蛇 *R. tigrina lateralis*

33. 背鳞通身 17 行 ………………………………………………… 棕黑腹链蛇 *A. sauteri*

背鳞为 19—19—17 行 ……………………………………………………………… 34

34. 背面有 2 条锈色纵纹，沿此两纵纹上有黄色小点 … 锈链腹链蛇 *A. craspedogaster*

背面有 2 条浅色纵纹，两纵纹间有许多粗黑色波形横纹 …… 草腹链蛇 *A. stolaba*

3.4.2 眼镜蛇科 ELAPIDAE

头椭圆，头背具有对称的大鳞片，常无颊鳞；第 3 枚上唇鳞较大，与鼻鳞相切且参与构成眶。背鳞通身 15 行；背鳞扩大呈六角形；尾下鳞单行或双行上颌骨较短，不能活动，有 1 对较大的前沟牙，毒牙从基部到顶端有一沟槽，是毒液注出的通道。

1. 背鳞扩大呈六角形；尾下鳞单列；体表具黑色和白色相间的环纹 ……………… ……………………………………………………………… 银环蛇 *B. multicinctus*

背鳞不扩大；尾下鳞全部或大部双列 ……………………………………………… 2

2. 鼻间鳞不切鼻孔；颈部不能扩大；颈部鳞列不较体中段多；体背赤红色，间有等距离的黑色横斑 ………………………………………………… 丽纹蛇 *C. macclellandi*

鼻间鳞切鼻孔；颈部能扩大；颈部鳞列较体中段多；体背黑褐色，体后背面有窄狭的黄白色横斑 ……………………………………………………… 眼镜蛇 *Naja.naja*

3.4.3 蝰科 VIPERIDAE

身体粗短，头部多数宽扁呈三角形，头背被覆许多小鳞或大而对称的鳞片，头颈区分明显，尾短小，上颌骨极短而高，呈竖立状，其上仅着生较长而弯曲的管牙及若干预备牙，由于颌骨组合极灵活，闭口时，上颌骨连同管牙平窝于口腔顶部，张口时上颌骨连同管牙竖立，这是随意活动，蛇可以控制两侧同时竖立或仅依次竖立。全属毒蛇。通常根据眼和鼻之间是否具有颊窝而分为不具颊窝的蝰亚科和具颊窝的蝮亚科。

1. 眼与鼻孔之间具颊窝 ……………………………………………………………… 2

眼与鼻孔之间无颊窝,头背被大型对称鳞片 ………………………… 白头蝰 *A. feae*

2. 头背被大型对称鳞片 ……………………………………………………………………… 3

头背被小鳞片 ……………………………………………………………………………… 4

3. 吻尖,向背方翘起,体背具灰白色大方形斑约 20 多块 …………… 尖吻蝮 *D. acutus*

吻较钝,不向背方翘起,体背有 2 行深棕色圆斑 …… 蝮蛇 *A. blomhoffii brevicaudus*

4. 体背绿色,体侧有红白侧线或白侧线,少数无侧线 …………… 竹叶青 *T. stejnegeri*

体背非绿色,有不规则的褐色斑块 ……………………………………………………… 5

5. 头较短,其长与宽几相等;左右两眶上鳞之间一横排小鳞 10 枚以下;背面黑褐色斑块略呈方形,左右交错 ………………………………………… 山烙铁头 *T. monticols*

头较窄长,其长度约为宽度的 1.5 倍;左右两眶上鳞之间一横排小鳞 10 枚以上;背面斑块不呈方形 ………………………………………… 烙铁头 *T. mucrosquanatus*

第五章　鸟类

1　主要形态分类依据

鸟体外部结构一般可分为头、颈、躯干、嘴、翼、尾、腿脚七部分(图5-1)。头、颈及躯干等部的上面,统称为上体,下面为下体。

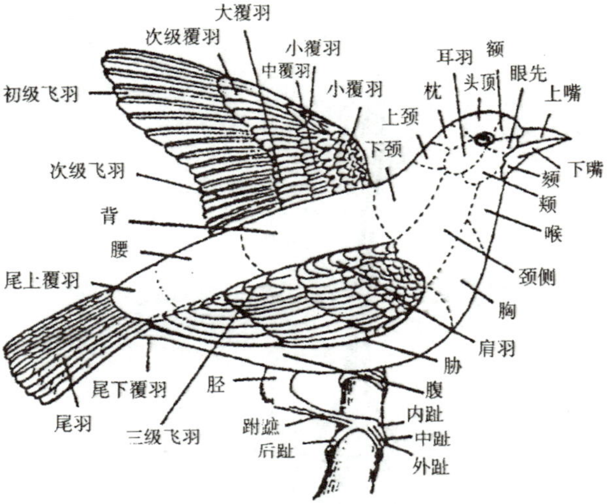

图 5-1　鸟体外形图

1.1 头部

鸟类的头部可分为上面、侧面及下面三部分，每部分都有很多结构(表5-1,表5-2,表5-3)。

表 5–1 鸟类头部上面各部位名称

名称		部位	举例
1	额	头的最前部，前接上嘴基部	
2	顶	额后，为头的正中部	
3	枕	紧接顶部之后，为头的最后部	
4	中央冠纹	纵贯头顶中央的纵纹	沙锥属(图 5–2)
5	侧冠纹	头顶两侧的纵纹	
6	羽冠	头顶上特别延长或耸起的羽毛	鸳鸯、罗纹鸭(♂)
7	耳突	头顶两侧突出成丛状的羽毛	长耳鸮
8	肉冠	头顶上的肉质突出物	原鸡
9	盔突	额顶部的角质突出物，呈帽状	双角犀鸟
10	角突	头上左右成对的犄角状突出物	角雉属(♂)
11	额甲	位于额中央的肉质裸出部	白骨顶、董鸡

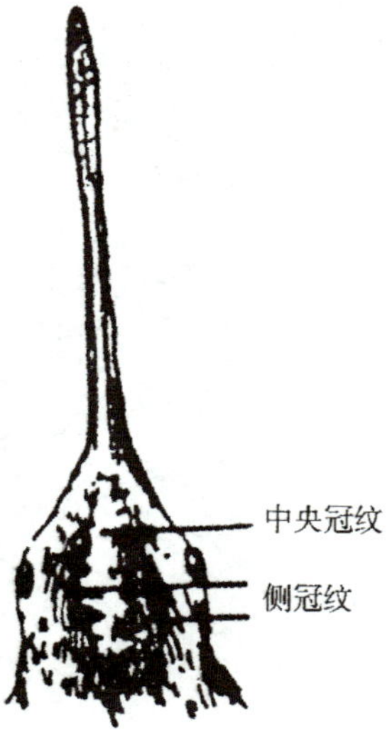

图 5–2 扇尾沙锥的头部(背面观)

表 5-2　鸟类头部侧面各部位名称

名称		部位	举例
1	眼先	位于眼前，嘴角之上方，有些种类眼先裸出无羽	鹭类、鹧鸪属
2	围眼	眼的周围，有些种类围眼裸出无羽	双角犀鸟
3	眼圈	眼周由小羽毛形成的特殊颜色的环	绣眼鸟科
4	颊	头侧面的眼下部分，下接喉部	
5	耳羽	覆盖在眼后耳孔上的羽毛，有的耳羽成簇状	马鸡属
6	眉纹	眼下方的斑纹	白眉鸭(♂)
7	贯眼纹	为起自眼先，贯眼而达眼后的纵纹	红尾伯劳、黑枕黄鹂
8	颊纹	自前向后贯颊的纵纹	鹧鸪
9	颚纹	从下嘴基向后延伸，介于颊和喉之间的纹	绿啄木鸟(图 5-3)
10	面盘	鸮类两眼向前，眼周围羽毛放射状排列呈人面状	长耳鸮、草鸮

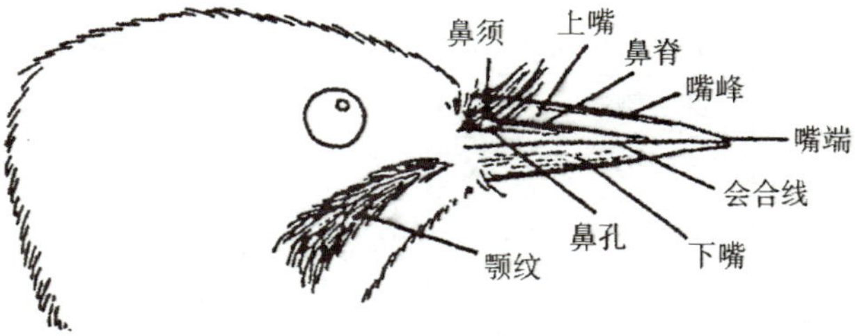

图 5-3　啄木鸟的头部

表 5-3　鸟类头部下面各部位名称

名称		部位	举例
1	颏	紧接下嘴基部，其前尖称颏角	
2	颏纹	贯于颏中央的纵纹	
3	肉垂	着生于头部的肉质突起，有的左右成对；有的为单片，称喉垂或帷状肉裾；有的鸟头侧有肉垂，	原鸡、角雉属(♂)、麦鸡(图 5-4)

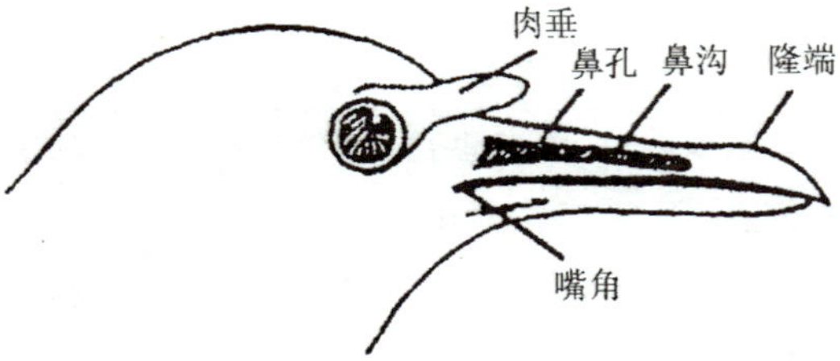

图 5-4 肉垂麦鸡的头部

1.2 颈部

表 5-4 鸟类颈部各部位名称

名称		部位	举例
1	上颈或颈项	后颈的前(上)部,前接枕部	
2	下颈	后颈的后(下部),后接背部	
3	颈冠或项冠	着生于项部的长羽,通常前接头部的羽冠	中华秋沙鸭(♂)
4	翎领	着生于颈侧(或含后颈)的长羽似领	凤头鸊鷉
5	披肩	仅着生于后颈而展成扇形长羽	锦鸡属(♂)
6	颈侧	颈部两侧	
7	喉	位于颏后	
8	前颈	颈部的前面,前(上)接喉部	
9	喉囊	喉部可伸缩的皮肤囊,前伸至颏	斑嘴鹈鹕

1.3 躯干

表 5-5 鸟类躯干各部位名称

名称		部位	举例
1	背	占据两翼之间的前部	
2	肩	位于背部两侧,即两翼的基部	
3	腰	躯干上面的最后部,前接下背,后接尾上覆羽	
4	胸侧	胸部的两侧	
5	胁或体侧	位于腰的两侧,被收拢的翼覆盖着	
6	胸	为躯干下面的前部,前接前颈(颈长者)或喉部(颈短者),后接腹部	
7	腹	前接胸部,后止于肛孔	
8	围肛羽	肛孔周围的羽毛	大斑啄木鸟围肛羽红色

1.4 嘴

嘴尖弯向上的称翘曲，如反嘴鹬。嘴尖弯向下的称拱曲，如白腰勺鹬。靠近嘴端的部位称临端。

表 5–6 鸟类嘴各部位名称

名称		部位	举例
1	上嘴或上喙	为嘴的上半部，其基部与额相接	
2	下嘴或下喙	为嘴的下半部，其基部与颏相接	
3	嘴端	嘴的前端	
4	嘴角	为上下嘴基部相接之处	
5	嘴裂	嘴张开时上下嘴缘所形成的角度	
6	嘴峰	上嘴的顶脊	
7	嘴底	下嘴的底缘	（图 5–5）
8	啮缘或嘴缘	指上下嘴的咬合边缘	
9	嘴裂长	为嘴端至嘴角之距离	
10	隆端	嘴端光滑坚硬的隆起	灰头麦鸡（图 5–4）
11	嘴甲	嘴端的盾甲状物	雁鸭类
12	栉状突或角质齿棱	位于鸭科鸟类上下嘴缘	雁鸭类
13	齿突	喙临端左右成对的尖突	隼科
14	缺刻	上喙或上下喙临端有左右成对的小缺刻	鸫科、卷尾
15	蜡膜 / 软膜	上嘴基被覆膜状物，鼻孔即开在此膜上	燕隼、山斑鸠（图 5–6）
16	鼻孔	位于上嘴基的两侧	
17	鼻沟	从鼻孔引出的纵沟，位于上嘴两侧	池鹭
18	鼻脊	位于鼻沟上缘的纵脊，嘴峰两侧各 1 条	大斑啄木鸟
19	鼻管	上嘴基部的管状突，鼻孔开口于管的先端	鹱形目所特有（图 5–7）
20	嘴须或口须	大多着生在嘴角上方，排成一列	红尾伯劳
21	副须	除嘴须以外的须均称副须，如鼻须、颏须	雀形目常见

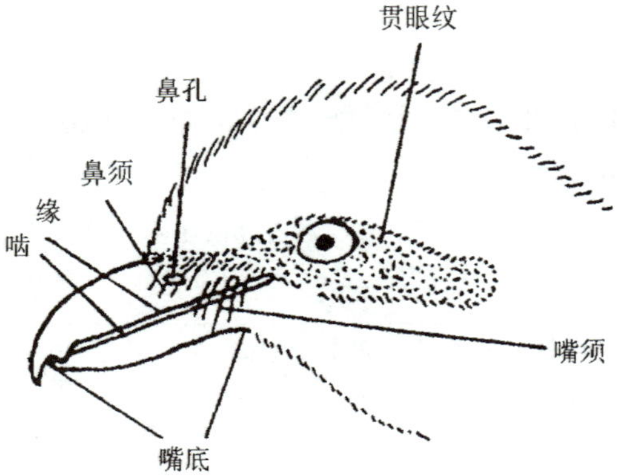

图 5-5　伯劳的头部

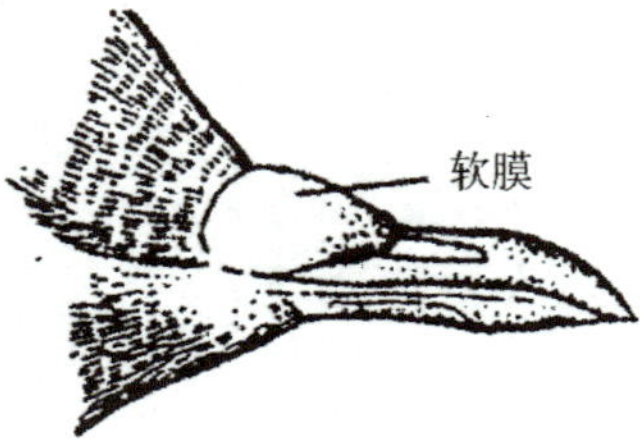

图 5-6　斑鸠的嘴

图 5-7　信天翁的嘴(示鼻管)

1.5 翼或翅

表 5–7　鸟类翼各部位名称

名称		部位描述	
1	飞羽	初级飞羽	这一列飞羽最长，通常为 9~11 枚，着生于掌骨和第二、第三指骨上，计数顺序通常由外向内（图 5–8）
		次级飞羽	形稍短，位于初级飞羽内侧，均着生于尺骨上，雀形目鸟类多为 9 枚
		三级飞羽	次级飞羽的最内侧部分，鹡鸰、百灵、鹤类、罗纹鸭（♂）等三级飞羽较发达
2	覆羽	初级覆羽	覆于初级飞羽基部
		次级覆羽	覆于次级飞羽基部，可再分为大覆羽、中覆羽、小覆羽
3	小翼羽	通常 4 枚，由小到大依序排列，位于初级覆羽前外侧（近翼缘处），着生于第一指骨上，有助于转弯飞翔	
4	翼角	翼收扰时的前角，即前肢的腕关节	
5	翼缘	即翼的前外缘，从翼角到初级飞羽基部	
6	翼镜	翼上具有特殊色彩的块状斑，如斑嘴鸭由次级飞羽的外翈所构成	
7	翼斑	翼覆羽上的 1 ~ 2 道横带斑，由大覆羽（或和中覆羽）的端斑组成，如黄腰柳莺、黄眉柳莺	
8	翼端	即翼的末端，由初级飞羽构成，依其形状不同而分为尖翼、方翼、圆翼（图 5–9）	
9	腋羽	着生于翼的肘关节缘翼膜的下方，与翼基上方的肩羽相对	
10	飞羽式	初级飞羽羽端之间的相对长度可以数学式表示（不计退化飞羽）。如飞羽式 2=9/10，意为初级飞羽第二枚的长度介于第九、十枚之间，而不同等于第九枚或等于第十枚	
11	次级飞羽间断排列与正常排列	某些鸟类次级飞羽第四枚之后留有较大的空隙，犹如缺失 1 枚飞羽，而与之相对应的大覆羽却存在，这称为第四、五枚次级飞羽间断排列，如隼形目；与上相反，次级飞羽第四、五枚间无较大空隙，称为第四、五枚次级飞羽正常排列，如鸡形目（图 5–10）	

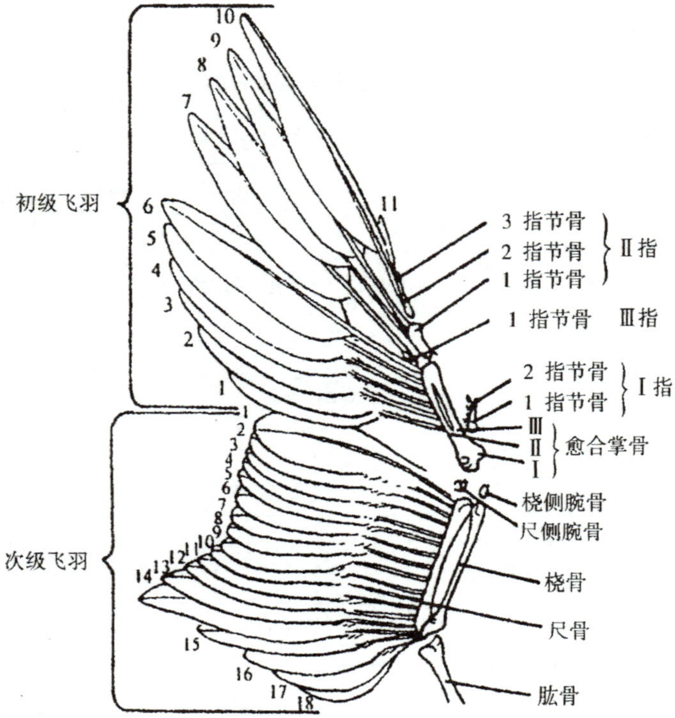

图 5-8 翼骨和飞羽(下面观)

1.圆翼;2.尖翼;3.方翼

图 5-9 鸟翼的基本类型示意图(下面观)

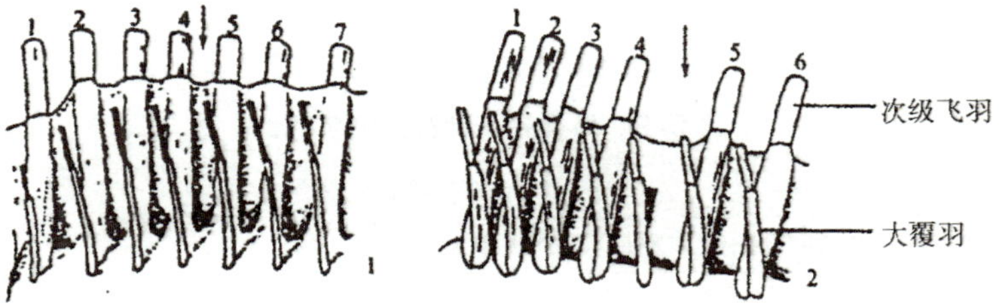

1.正常排列(←);2.间断排列(←)

图 5-10 第四、五枚次级飞羽的排列方式(背面观)

1.6 尾

表 5-8 鸟类尾各部位名称

名称		部位描述	
1	尾羽	左右成对着生,大多数鸟类为 12 枚,包括中央尾羽和外侧尾羽	
2	尾部覆羽	覆于尾羽的基部包括尾上覆羽、尾下覆羽、尾侧覆羽	
3	尾形	平尾或方尾	中央尾羽与外侧尾羽近等长,尾端平齐,如池鹭(图 5-11)
		圆尾	从中央到最外侧长短相差不显著,尾端近圆弧形,如罗纹鸭
		凸尾	长短相差较大,尾端显著突出,如大杜鹃、伯劳
		楔尾	长短相差较大,尾端呈楔形,如大斑啄木
		尖尾	中央尾羽尖长且与相邻尾羽级差甚显著,如栗喉蜂虎
		凹尾	从中央到最外侧相差甚小,尾端稍凹,如黑鸢
		叉尾	长短相差较显著,凹形较深呈叉状,如灰卷尾
		铗尾	长短相差极为显著,最外侧 1 对尾羽甚狭长,如金腰燕

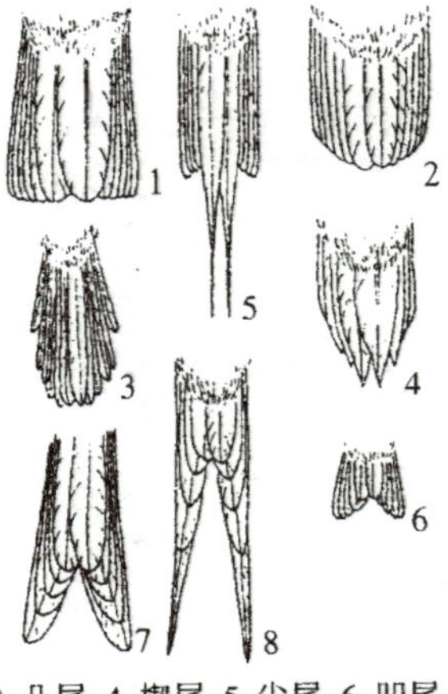

1. 平尾;2. 圆尾;3. 凸尾;4. 楔尾;5. 尖尾;6. 凹尾;7. 叉尾;8. 铗尾

图 5-11 鸟尾的各种类型

1.7 腿和脚

表 5-9 鸟类腿和脚各部位名称

名称		部位描述	
1	股	后肢的最上部，被体羽掩盖，外观上看不见	
2	胫	在股之下，跗跖之上，全部被羽或下部裸出（被鳞）	
3	跗跖	在胫之下，趾之上，大多数种类被鳞，少数种类被羽，跗前缘的被鳞情况有盾鳞、网鳞、靴鳞等	
4	距	跗跖后缘固着不动的犄角状突起，1~2 枚或更多，通常为雄性雉类所特有	
5	趾	鸟类通常有 4 趾，后趾为第一趾，内趾为第二趾，中趾为第三趾，外趾为第四趾	
6	足型	不等趾足	第一趾向后，向前 3 趾互相分离，为最常见的一种，如鸡类（图 5-12）
		对趾足	第二、三趾向前，第一、四趾向后，如绿啄木鸟、大杜鹃、绯胸鹦鹉
		异趾足	第三、四趾向前，第一、二趾向后，如红头咬鹃
		并趾足	第一趾向后，其余 3 趾向前，但向前的趾基尤其是第三、四趾的基部互相关着，如双角犀鸟、冠鱼狗、普通翠鸟
		前趾足	4 个趾全向前，有的第一趾可逆转向后，如白喉针尾雨燕、楼燕
7	蹼足	全蹼足	第一趾到第四趾的趾间均有蹼相连着，如鹈鹕、鸬鹚（图 5-13）
		满蹼足	前 3 趾间具有满平的蹼，后趾游离，如鸭类、红嘴鸥
		凹蹼足	前 3 趾间蹼膜较小时，中部显著凹入，蹼的凹缘与外趾第二节末端齐平。如浮鸥属。
		半蹼足	前趾间仅于基部连蹼，也称微蹼足，如池鹭
		瓣蹼足	趾的两侧附有瓣状蹼，如凤头䴙䴘、白骨顶
8	爪	着生于趾末端。有些鸟类爪内侧有梳齿状边缘，称栉缘或爪栉，如苍鹭	

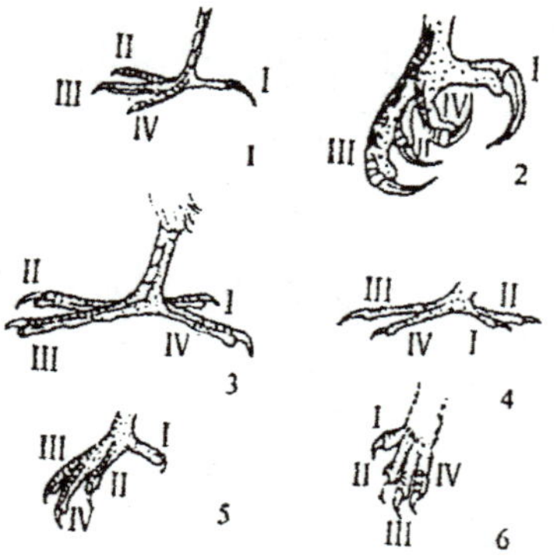

1.不等趾型；2.不等趾型；3.对趾型；4.异趾型；5.并趾型；6.前趾型（5 为右脚，余为左脚）

图 5-12 鸟趾的不同类型

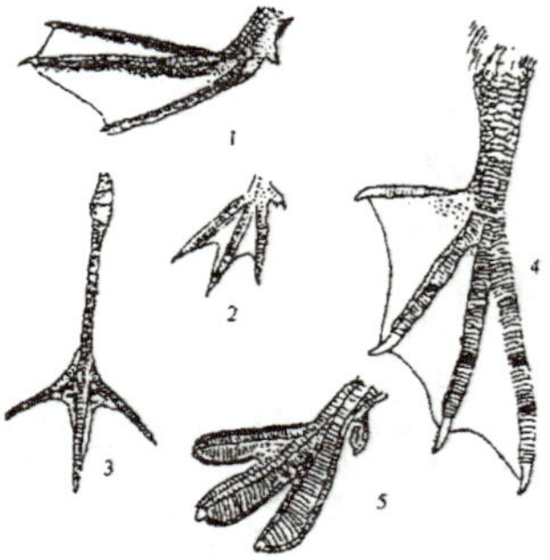

1.满蹼足;2.凹蹼足;3.半蹼足;4.全蹼足;5.瓣蹼足

图 5-13 鸟蹼足的各种类型

1.8 羽毛

表 5-10 鸟类羽毛各部位名称

名称		部位描述	
1	羽毛种类	正羽或称廓羽	由中央的羽轴和两侧的羽瓣或称翈所构成，外侧的羽瓣称外翈,内侧的羽瓣称内翈,包括飞羽和尾羽(图 5-14)
		副羽或称轴后羽	为贴附于正羽下面(内侧)的一片小羽毛或一丛散羽
		绒羽或冉羽	柔软的羽枝丛生于羽根先端,不形成羽瓣
		纤羽	羽轴纤细呈毛发状,羽枝短小而少或缺失,杂于正羽、绒羽中,嘴须、副须、眼睫毛也属于此类
2	斑纹	点斑	羽毛上的小点状斑,如鹧鸪
		矢状斑	斑点略呈箭头状,如红腹角雉(♀)背羽的淡色斑
		块斑	面积大,常扩及若干枚羽毛,如鵟翼下面有大块斑
		端斑	位于正羽末端的斑纹
		次端斑	紧接端斑的斑纹,如花尾榛鸡的尾羽
		横斑	与羽轴垂直的粗疏斑纹,如大杜鹃腹面的褐色斑块
		蠹状斑	甚为细密的横斑,犹如小蠹虫在树皮下筑成的坑道,如罗纹鸭(♂)胁部的细
		鳞状斑	斑纹呈外凸的弧形,排列似鱼鳞状,如中华秋沙鸭的胁部
		带[状]斑	扩及很多羽毛的条带状横斑,如鸳鸯胸侧
		条纹	与羽轴平行或接近平行的条状斑纹,如黑鸢的体羽
		羽缘斑	沿羽毛边缘形成的斑纹,如山斑鸠
3	羽毛颜色	褐色	黑中有黄的混合色,是鸟羽最常见的颜色
		橄榄色	即灰绿色,如橄榄褐色即染有灰绿色的褐色
		赭色	即红褐色

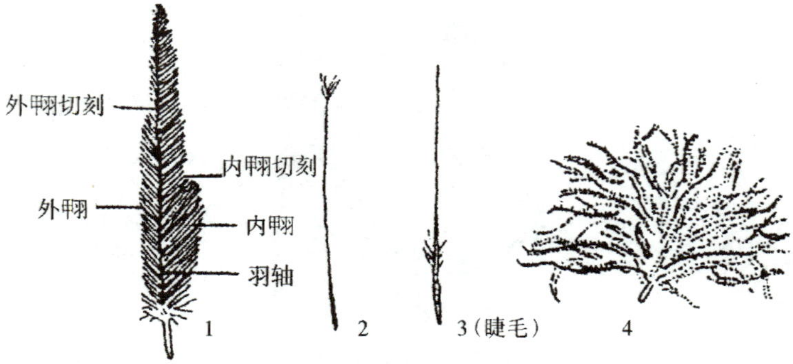

1.正羽;2、3.纤羽;4.绒羽

图 5-14 羽毛的种类

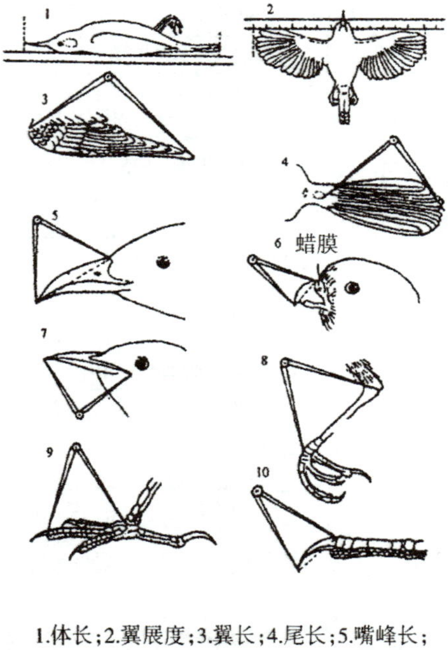

1.体长;2.翼展度;3.翼长;4.尾长;5.嘴峰长;
6.嘴峰长(蜡膜除外);7.嘴裂长;8.跗跖长;9.趾长;10.爪长图

图 5-15 鸟体测量法

1.9 量度

通常用于鸟类鉴定上的量度(mm,g)有下列几项(表 5-11,图 5-15)。翼展、嘴裂长、趾长、爪长、中趾连爪长等,视需要而测定。

表 5-11 鸟类的量度

名称		描述
1	体长	使鸟体自然仰卧,自嘴端量至尾端(应在标本剥制前测定)
2	嘴峰长或嘴长	自嘴峰基部生羽处(有时深入额羽区数毫 m)至上嘴尖的直线距离
3	翼长或翅长	自翼角(即腕关节)至最长初级飞羽末端的直线距离
4	尾长	尾基至最长尾羽端的直线距离
5	跗跖长	胫跗关节后面的凹处至跗最下端之整片鳞的下缘,或量至中趾基的关节处
6	体重	测定未剥制前的尸体重量

2 鸟类野外采集、标本制作

2.1 鸟类野外采集

鸟类标本的采集一般采用枪猎法和网捕法两种。由于近年来枪猎法受到限制,这里只简单介绍鸟类的网捕法。网捕法通常有张网、粘网、铺网和翻网等形式。

张网是一种平面网, 主要用于猎捕野鸡、山鹑等。网宽 2 ~ 4m,长 30 ~ 50m,用结实的线绳织成。使用时,用长杆把网支架起来,网下部要松一些,使其呈兜状,避免动物撞网弹射回去。猎捕水禽时,网的下边应稍稍没入水中。网架好后,轰赶野禽向设网方向移动,距网远时要慢些轰赶,距网近时要加快轰赶,致使野禽惊慌起飞,触网后被捕。

捕捉小型鸟类使用粘网(图 5-16),粘网也是一种小型平面网,用暗色的丝线或尼龙线织成,网宽 2.5 ~ 3m,长 8 ~ 10m,网眼 1.5 × 1.5cm。架设时,两端用竹杆撑起,下边距地 1m 左右,因网线很细,小鸟飞过时触网被捕。用媒鸟引诱或用轰赶的方法,都能提高捕捉的效果。捕获小鸟后,常因鸟类挣扎,使粘网缠绕很牢,取鸟时需很小心,否则极易破坏粘网。

铺网(图 5-17)也是一种平面图,网宽 2 ~ 3m,长 5 ~ 7m,网眼 3.5 × 3.5cm,网的四边穿有网绳,网绳上拴有铅坠,铅坠长 4cm,直径 1cm。

设网时,要选择坡地的上方,因为野禽不愿向下坡方向走动。地上有 30 ~ 40cm 高草或灌木的地方最适于支设铺网。把网铺在高草上,使有铅坠的 3 个边紧贴地面,网口的一边支起向着坡下支设,使用这种方法捕捉野禽,多在降雪后捕捉山鹑等鸟类使用。轰赶时,用白布袋罩上身体,两手用木杆支起布袋两角,利用两角摆动的方法,可轰赶野禽向着设网的地点前进,白布袋前方留两个圆孔,供人观察野禽活动。

翻网(图 5-18)是捕捉小型鸟类最有效的工具之一。网片用土黄色丝线织成,宽 2.5m,长 20m。网眼边长 1.7 × 1.7cm。网的两个长边各穿 1 条纲绳,短边穿 1 根竹竿,近端的网竿称首竿,长 2.7m,较粗;远端的称梢竿,长 2.7m,较细,并有绷绳两条,各长 8m,腰绳 1 条长 6m,拉绳 1 条长 40m。

支设时,把网张开铺平在地面上,网的长边和风向垂直,竹竿迎风的一端用绳子连结在固定木桩上,另一端系上绷绳,绷绳的另一端再斜向拉往迎风的方向,用木桩固定在地面上,绷绳固定的一端连接 1 个弹簧,翻网时速度更快,捕获效率更高。首竿顶端拴有腰绳,也斜向拉往迎风方向加以固定,腰绳中间拴上拉绳,拉向远处,由人控制。当成群鸟类迎风贴网飞过时,猛然用力拉动拉绳,翻网即迅速立起并顺风扣下,将鸟类扣住。这种网多用在捕捉成群的冬候鸟。

为了引诱鸟类上网,可以用口哨模仿鸟类的叫声。口哨声薄铜片或银片制成,口哨的音调,吹哨的时机都直接影响捕捉的效果。还可以使用媒鸟引诱鸟类上网。捕捉鸟类的时间,在上午 10 点以前和下午 3 点以后最好,中午鸟类较少飞行,不适于捕捉。阴天比晴天捕捉效果好,有 3—4 级风的天气最适于用这种方法捕捉。

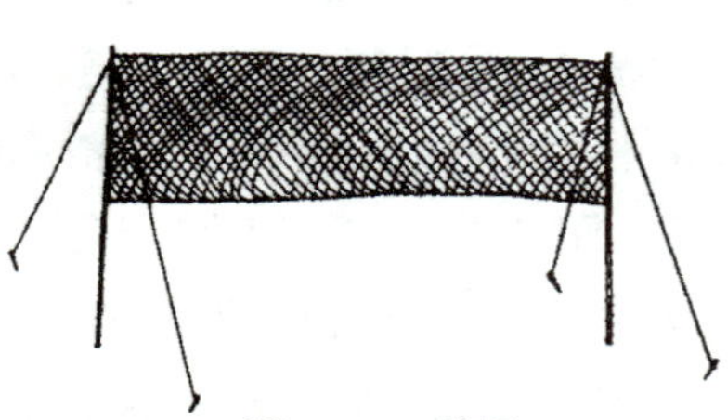

图 5-16 粘网

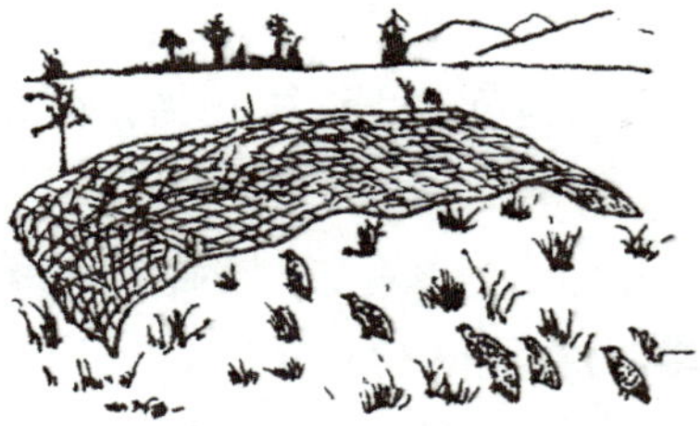

图 5-17 铺网

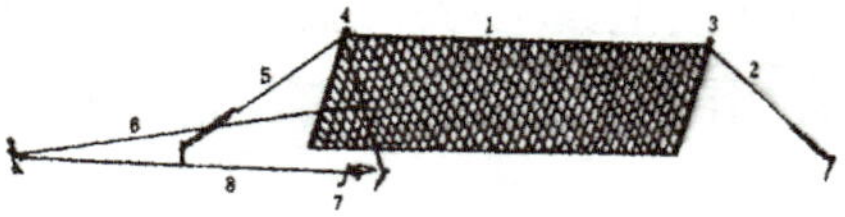

1. 翻网 2、5. 绷绳 3. 梢竿 4. 首竿 6. 拉绳 7. 鸟耙和繇子 8. 繇绳

图 5-18 翻网

2.2 鸟类标本制作

鸟类的剥制标本是将鸟体的肌肉、内脏与部分骨骼去掉，仅保留其皮毛，经过涂抹防腐药剂，装填、整形、安装义眼等工序，使之恢复原貌，供动物教学、科学研究和陈列展览之用。

2.2.1 剥制前的准备工作

2.2.1.1 常用工具

解剖刀：用于剖口、剥皮和切断筋腱。

解剖剪：（含普通剪刀）剪筋腱和骨骼之用。

镊子：用于填装、取脑、取眼、取细小肌肉和整理羽毛的必用工具。并以前端微弯曲、弹力不大为佳。

钢丝钳：用于切断和弯曲铁丝等。

手术针：缝合切口。

其它：毛笔、毛刷、卷尺、分规、天平或小弹簧秤、小电钻、锤子、解剖盘等。

2.2.1.2 材料

填充物：用于缠制假体。主要有棉花、木丝、竹丝和稻草等。

铁丝：做鸟体内部支架用，制作时可根据鸟体的大小而选用粗细不同型号。

义眼:用玻璃制成的假眼。型号较多,可根据鸟体眼球的大小选用。

其它:石膏粉、腻子、油画色、木板、线、硬纸板、大头针等。

2.2.1.3 药品

防腐膏(砒霜膏):此药由三氧化二砷(砒霜)、樟脑、肥皂和甘油调制而成。用于标本的防腐防蛀,同时尚有保护羽毛不致脱落的作用。调制的比例为:三氧化二砷 100g、樟脑 20g、肥皂 80g、甘油 5ml。将肥皂切成片,放入烧杯内,按比例加水浸泡数小时,待肥皂变软后,微火加热溶化;再加入三氧化二砷和樟脑,用玻璃棒搅均匀,最后加入甘油调匀,待冷却后凝成糊状即成。配制好的防腐膏应装入瓶内,使用时可稍加温水调稀。此药是剧毒药品,使用时应小心谨慎,用后注意妥善保管。

苯酚酒精饱和液:具有消毒防腐的功能。用于头骨、裸区和脚趾等,可防止残留肌肉腐烂。

2.2.1.4 鸟体测量和记录

标本在剥制前,必须进行鸟体的测量和记录,测量的项目与方法参阅前节。

记录时,除将所测量的结果填写在登记簿和标本签外,尚需记录采集地点、采集日期、中名、学名、性别(当有些种类外部形态相似而无法辨别时,应解剖、检查其生殖器官来确定)形态和生态特征等。

2.2.2 鸟体皮肤剥离

鸟体皮肤剥离由于开刀部位不同,有胸剥法与腹剥法之分。胸剥法容易掌握,装填较方便,但在缝合时皮肤不易对准,羽毛不自然;腹剥法胸部羽毛蓬松自然,但初学者易将腹腔割破,脏物污染羽毛。以家鸽为例,介绍胸剥法,其剥皮过程如下:

①将已处死的家鸽清理干净,用湿棉擦去血垢、粪便和泥土等。再用棉花填塞口腔和泄殖腔,防止剥皮时胃流物和粪便流出污染羽毛。接着把鸟体仰放在桌上或解剖盘内,头部向左,从胸部正中线开口(图 5-19)。

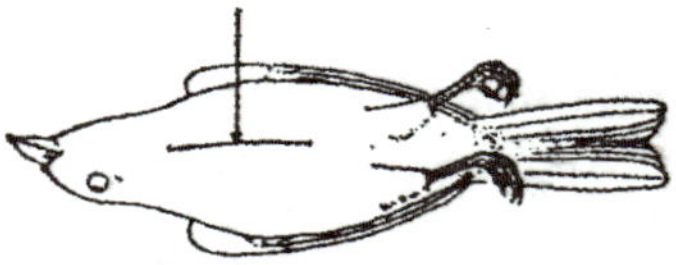

图 5-19　鸟类的剖口面

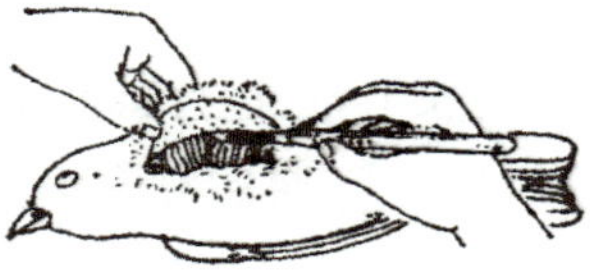

图 5-20　鸟类胸部两侧皮肤的剥离

②用手和解剖刀将胸部中线羽毛向左右分开，使龙骨突露出。然后左手按住鸟体，右手持刀，自颈的基部至龙骨突后缘，将皮肤切开，并以见肉为止（勿将肌肉划破），接着把鸟皮向左右剥开。在剥皮过程中，应随时撒些石膏粉，使羽毛不致粘在肌肉上，手指也可擦些石膏粉，在免弄脏羽毛（图 5–20）。

③接着用左手拇指和食指压住开口的前面（防止开口裂大），用其余 3 指夹住鸟嘴，将头向下方推出，使颈部呈弯曲状在开口处露出，而后将颈部剪断，头、颈与躯体完全分离（图 5–21）。

④用左手拇指和中指夹捏肩部，食指按在背上，右手指捏住连在躯体的颈部，再用左手食指左右剥出肩部。之后，继续用镊子或剪刀将腋窝皮肤与肌肉分离，用剪刀剪断两侧肱骨基部，使两翅与体躯分离（图 5–22）。

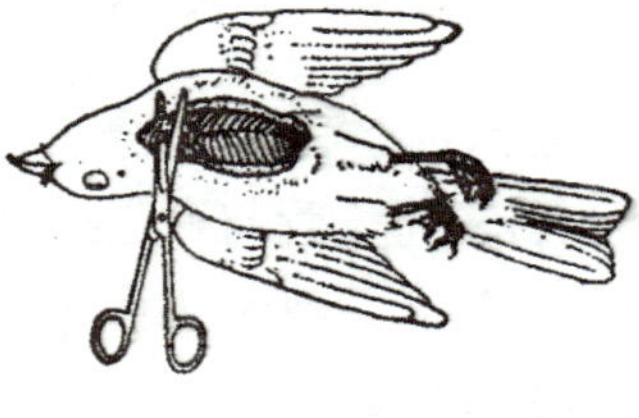

图 5–21　颈部的截断位置

图 5–22　肱骨截断位置

⑤继续剥背部与腰部。剥经腰部时，须特别小心，因为腰部的皮较薄易破，最好用刀慢慢割下，同时用力扯下腹皮至泄殖腔前处。腹皮扯下，大腿露出，接着，将两腿的皮肤剥至胫跗部与跗跖之间的关节处，用剪刀插入向股部分方向挑剔，把附在胫跗骨上的肌肉切开剥掉，并在股骨与胫跗骨之间关节处将骨剪断，使腿与体躯分离（图 5–23）。

⑥接着向尾部剥离。在靠泄殖腔处将直肠剪断（需要小心，防止有粪便流出），在尾的基部将尾椎骨剪断（注意不要把尾羽基部剪断，尾部的肌肉也不能去得十分干净，应保留薄薄 1 层，以保护尾羽不至脱落），这时鸟

的体躯与皮肤分离了(图 5–24)。

⑦体躯取出后,进行翼部皮肤的剥离。先将肱部拉出,慢慢剥离,剥至尺骨时,因次级飞羽轴根着生在尺骨上,比较难剥,可用拇指或刀柄紧贴着飞羽轴根将翼产皮肤刮下,并将皮肤与尺骨分离,否则极易拉破皮肤,甚至使翼羽脱落。当剥至尺骨与腕掌关节之间时,再用剪刀把挠骨与其着生在尺骨上的肌肉以及残留的肱骨剪除,只保留尺骨(图 5–25)。

图 5–23 后肢的剥离和小腿骨的截断位置

图 5–24 尾部的截断位置

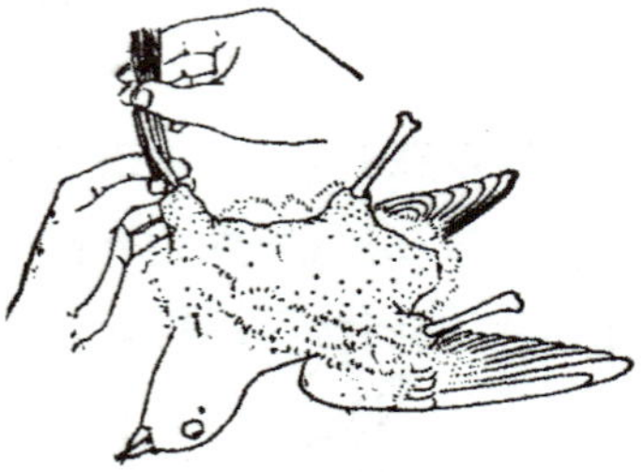

图 5–25 翼的剥离

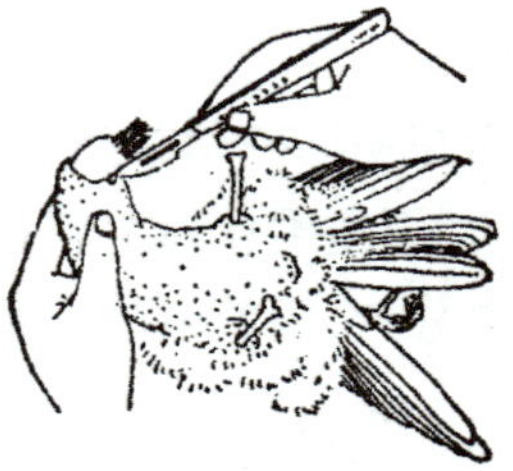

图 5–26 耳道的剥离

⑧两翼剥离后,随即进行头部的剥离。首先将气管与食道拉出,左手握住颈部,右手以拇指、食指指皮肤渐渐向头部后方剥离,同时将鸟皮翻卷过来。剥到耳孔时,用解剖刀紧靠耳道基部将其割断(图 5–26),或用手指捏紧耳道基部将它拉出。然后继续向前剥去,当剥到眼睛时,用解剖刀切开眼睑边缘的薄膜(图 5–27),此时应特别小心,千万不要割破眼睑和眼球,否则眼球流出的污液沾羽毛和眼睑破损影响标本美观。然后用镊子将眼球取出,并用剪刀把上下颌及其附近的肌肉剔除干净。再用镊子夹住脑膜将脑髓取出,并用棉花将脑颅腔揩拭干净(图 5–28)。

⑨将残留在皮上、四肢、头部的肌肉、脂肪、筋腱等全部清除干净,最后用刷子把皮上的石膏粉刷净(图 5–29)。

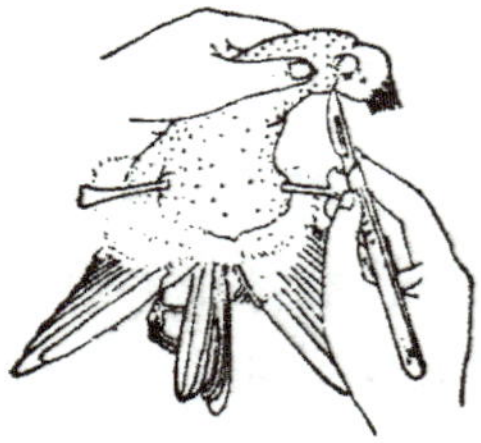

图 5-27 眼的剥离

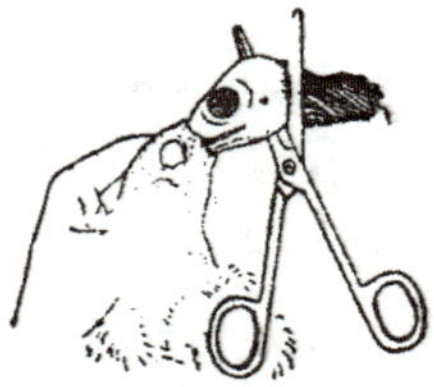

图 5-28 脑颅腔的切开位置

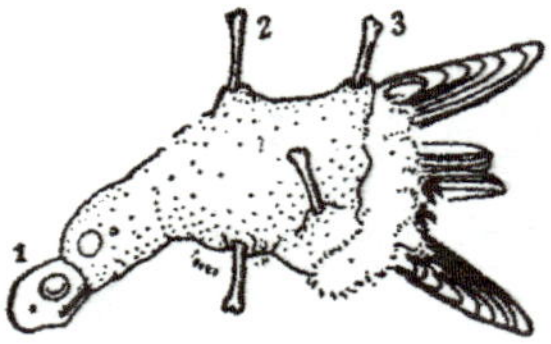

图 5-29 剥离完后的皮肤与骨骼

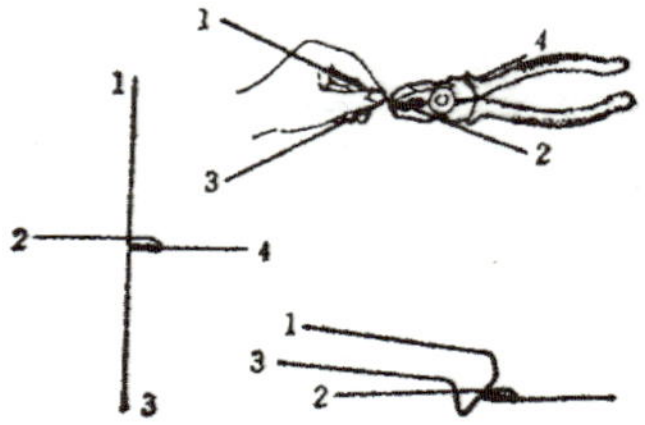

图 5-30 鸟类铁丝支架的制作法

2.2.3 鸟皮的防腐处理

鸟类躯体经过剥皮后，其皮肤内侧必须进行防腐处理，即涂防腐药，其作用是杀菌防腐，制止微生物繁殖，防止羽毛脱落，利于标本的长期保存。先用毛笔蘸防腐膏涂鸟体的内皮，涂一处翻一处，先涂两翼，其次是后肢，同时在胫骨上缠上棉花，使之与原来带肌肉时的形状相似；再次进行尾部；最后涂抹头、颈部。此时需用棉花做假眼球塞于眼窝内，并将鸟皮全部翻回，羽毛露在外面。由于防腐膏是剧毒品，涂抹时，要特别小心，手上的伤口需用药布包扎上，事后洗手，药品应妥善保管。

2.2.4 鸟类剥制标本的装填

根据鸟类制成标本时的形态和安装支架的不同方法，鸟类标本的装填可分为两种类型：一种是假剥制标本，制成后呈仰卧式，两腿交叉放置，不用摆设姿态，不安义眼，这种标本占地不大，保存方便，适用于鸟类分类学的教学与科学研究；另一种是姿态标本（生态标本）。它装制成生活时的某种自然姿态，如站立、飞翔、觅食等，适用于陈列与展览。

①姿态标本：姿态标本的装填是用铁丝做骨架，将鸟的头、四肢与尾撑起来，再填充棉花等，使之与活体相似。一般装填有两种方法，一是缠制法，用铁丝、棉花等材料缠制成假体，假体的形状与真躯体相同，然后装入鸟体；二是充填法，用支架和充填物代替骨骼与肌肉，按一定顺序充填到

鸟体内。充填法制作方法如下：

先选粗细合适的铁丝作支架(表 5-12)。其长度为嘴到趾端长的 1.3 倍;另取 1 根铁丝,长度较前者长 3—6cm,按图 5-30 顺序绞合,折成支架。然后以 4 作为头的支柱,先端缠上棉花,粗细略小于颈部;以 2 作为尾的支柱;1 与 3 分别从两脚胫骨与跗骨关节间的后侧，向脚跟方向插入,由脚底掌部穿出,作为两脚的支柱。

表 5-12　不同鸟类所采用铁丝做支架参考表

铁丝型号	铁丝直径(mm)	适用种类
8	4.19	鹤类、白鹳、白尾海雕
10	3.40	金雕、孔雀、小天鹅
12	2.76	鸢、苍鹭、大白鹭、豆雁、雕鸮
14	2.11	绿头鸭、环颈雉、银鸥、苍鹰
16	1.65	乌鸦、花脸鸭、鸳鸯、家鸽、池鹭
18	1.24	杜鹃、斑鸠、黄鹂、太平鸟、绿啄木鸟
20	0.89	云雀、大苇莺、翠鸟
22	0.71	麻雀、大山雀、鹡鸰
24	0.56	黄腰柳莺、红头长尾山雀

接着进行充填。将装好铁丝支架的鸟皮仰置于桌上,先在鸟体的背面,用镊子夹持条状填充物(棉花),顺序由尾、腰、背及其两侧逐渐充填入 1 层,以此作为鸟体的背部肌肉(图 5-31)。随后用棉花充填腹部和两腿的两侧(图 5-32)。继续在脑腔、后头和颈背充填入填充物(图 5-33)。接着将两翼上的尺骨拉出,并在两胁充填一些填充物,压住尺骨,使其不松动。然后 逐渐向尾部、两腿外侧和下面以及尾部腹面的中央顺次进行充填。此时要检查各部位充填得是否合适,不足部分可适当调整补充。再用镊子夹 1 长条填充物,由颈部腹面伸至下颌,以代替气管。

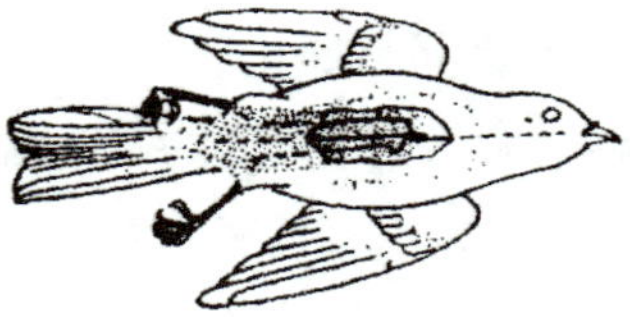
图 5-31　鸟类尾、腰、背支架背面的充填

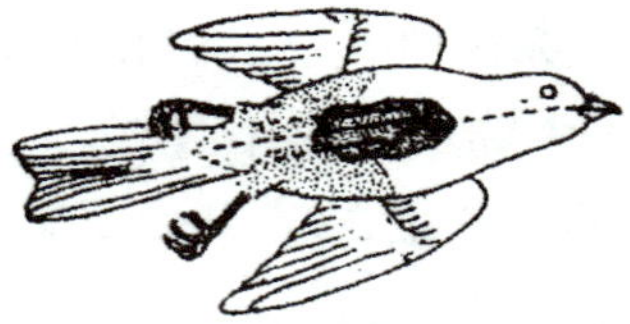
图 5-32　鸟类腹部和两腿两侧的充填

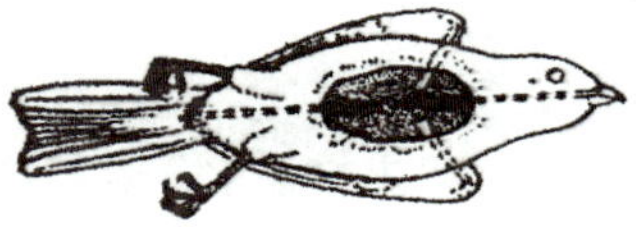

图 5-33 鸟类头和颈部支架背面的充填

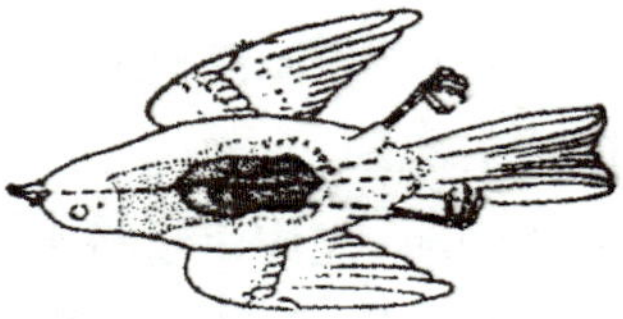

图 5-34 假剥制标本支架的安装

最后，在胸、腹部面上填入 1 层薄棉花，用针线加以缝合。

②假剥制标本：用 1 根竹签（也可用铁丝），其粗细约 4mm，长短约等于鸟嘴至胸部的长度。将竹签一端劈开成“Y”字形，在分叉的基部缠上棉花，作为假颈，粗细与原颈等同。将分叉一端由头后开口插入，夹住鸟嘴上颌。在背腹两面各充填 1 层薄棉，并稍加固定。体型较小的种类可不用竹签，直接用 1 条棉花塞入脑直达颈部即可。两翼的尺骨平放在体内的棉花之间，使两翼贴在体侧不致下垂（图 5-34）。

将此竹的另一端削尖，插入尾基部。

然后即可进行填充。先由尾部开始，然后腰部、胸部，最后是颈部。各部填充好后，再总的检查一遍，是否填充的合适，最后进行缝合。

2.2.5 整形

整形决定标本能否达到形态逼真、姿势优美。整形先把有凸突的地方捏平，使凹陷地方凸起；肩部太宽可适当压小；两翼摆正伸直；羽毛理顺。

姿势标本的整形，首先要固定姿势，然后在台板或装站在树枝上、假岩石上，最后进行整行。翼和尾的羽毛比较杂乱，可用硬纸板将羽毛夹住，用曲别针固定。待标本风干后，拿掉纸板，羽毛就顺了；嘴可用细线或大头针固定，风干后嘴就呈闭合姿势；整个鸟体可用薄棉包裹固定，待干后取下。将标本放在阴凉通风处，使其自然干燥。干后，无羽毛处可用油画色涂染，力争与活鸟的颜色一致；嘴的角质部和腿的跗跖部、脚趾、蹼等涂上清漆，起保护作用。

假剥制标本一般要达到背面平直，胸部丰满，颈部稍短，两脚交叉于腹尾部，嘴用大头针或线绳束住，最后用薄棉或纱布将鸟体包起来，这样，鸟皮干后羽毛不致紊乱。整个标本比活体适当缩短。

2.2.6 装义眼

装义眼一般用于姿势标本，通常与上台板和整形同时进行。在安装义眼之前,应根据鸟类眼睛虹膜的颜色,选用相同的油画色,涂画玻璃假眼瞳孔外围透明部分。

安装义眼时,先用镊子将眼窝内棉花压紧,留出空隙,将油灰或腻子填充空际。装时用镊子轻轻把眼睑挑起,将少许胶水或乳胶滴入眼眶内,选大小适当的义眼,嵌入眼眶中,再用镊子将眼睑覆盖在义眼的边缘。应注意左右两眼的位置要对称,视线的角度要一致。所用义眼大小,可参考表 5-13。

表 5-13　各种鸟类标本义眼的规格

义眼直径（mm）	适用种类	义眼直径（mm）	适用种类
2～3	太阳鸟、绣眼、家燕	12	长耳鸮、白鹳
4	金腰燕、黄鹡鸰	13～14	白琵鹭
5	太平鸟、寿带	15～16	白枕鹤、灰林鸮
6	黄鹂、绿啄木鸟	17～18	大鵟、毛脚鵟
7	绯胸鹦鹉	19～20	金雕
8	杜鹃、勺鸡	21～22	褐林鸮
9	丘鹬、环颈雉	23～24	雕
10	雀鹰、鸳鸯	25～26	雕鸮
11	夜鹰、鹈鹕		

3　鸟类野外数量调查方法

数量调查要求定量地确定每种鸟的数量情况，即每种鸟在研究区内的种群大小。通过连续多年的种群大小调查可以看出每种鸟的种群数量变动情况。

鸟类数量调查可以分为绝对数量调查和相对数量调查两种。绝对数量调查准确地数出调查区内鸟类的只数，在野外工作中要做到这一点相当困难。对于大型且活动于开阔地带(如水域、草原、荒漠)的鸟类,尚可以适用。对于小型鸟类或活动于隐蔽场所的鸟类,采用此法几乎不可能,如林地鸟类。目前,国内外较多使用航空调查手段对大型水禽(如鹤类)进行直接查数。由于此法太浪费人力、财力,国内应用不多。相对数量调查是利用一定方法,依据局部调查的结果来推算出研究区内的全部数量,这种方法是野外最常用的，其发展也快。相对数量调查主要有以下几种：

3.1 路线统计法

路线统计法是目前我国鸟类调查中普遍采用的方法。设计线路之前先熟悉研究区内的生境情况，并了解当地鸟类的种类组成、活动规律和鸣声特征，做到有所准备。线路设计要求穿越研究区内的不同生境，覆盖具有代表性的地段（地形、植被组成）。线路的长度一般不宜过长，为便于计算，大都采用 1km 的长度，并可以根据自然生境不同，分为若干地段。如果研究区内环境较复杂，可采用更长的路线（但原则不超过 6km）。长度的测定可以用丈绳法，也可以用步数器。

统计出发前，必须携带笔记本、铅笔、望远镜、记时器。统计时前进的速度为每小时 1~3km，依环境情况而定。行进过程中不要时快时慢，记录前方及两侧看到和听到的鸟种类及数量，在笔记本上事先划好的表格上以“正”字记数（表 5–14）。由前向后飞的鸟类记录在内，由后向前飞的不加记录，以免重复。在走完一线路后，记上结束时间。

统计是在鸟类活动最强的时间段进行，这样所取得的数值遗漏较小，接近于实际数值。一般在日出后和日落前 2~3h 内统计。统计应选择在天气晴朗、没有大风的日子。这种统计方法要求在相似的天气里连续进行 3~4d，以减少误差。

表 5–14　鸟类数量路线统计表格

生境 / 数量 / 种类	Ⅰ	Ⅱ	Ⅲ	Ⅳ	Ⅴ	总计	备注
	水域	沼泽	林地	居民点	旷野		
1. 红尾伯劳 2. 大苇莺			正			5	日期：年　月　日 地点 天气：晴 阴 风 气温：℃ 线路长：km 统计时间：至 各生境描述： 统计人：
总计							

路线统计的结果是以只 /h 出现的，即每小时的遇见率。根据每种鸟的遇见频率来确定等级。一般情况下陆栖鸟类以 10 只以上（每小时）为优势种，1~10 只为常见种，1 只以下为稀有种。这种划分是相对的，在某些情况下可适当提高或减少划分等级的数量，以尽可能反映实际的数量状况。在实际工作中，水禽的数量等级划分稍微有些不同，因为线路无法穿越水域，遇见率相对低些。通常以每天遇到的只数在 30 只以上为优势种，在 10~30 只为常见种，少于 10 只为稀有种。

路线统计的优点在于它简便、易行、适用于各种生境类型，并且对繁殖鸟类、迁徙鸟类和越冬鸟类均适用。其不足之处在于结果不能反能出种群的密度，只能是相对数量多少，而且误差也比较大。

3.2 样方统计法

样方统计法是在研究区内划出一定面积作为抽样样方，统计样方内鸟类种类和数量，从而得出研究区内的鸟类种类组成和数量情况。它和路线统计法不一样，路线统计法的结果是得出研究区内每种鸟的数量等级、遇见率，是相对指标，而样方统计法是抽样法，从抽样的样本推知总体的情况，它得出的结果是每种鸟在研究区内的估计数量，是绝对指标。

样地是在研究区内具有代表性的生境。样地的面积也是有要求的，一般来说，在较大面积内调查时，抽样的面积（实际调查面积）不应少于调查对象栖息面积的 10%。

样方统计法在鸟类的繁殖季节采用比较适宜，这一时期大多数鸟类的活动范围比较固定于巢区附近，数量相对稳定。在各种生境类型中均可采用此法，如水域、沼泽、林地、旷野、居民点等。设置样方应考虑不同的生境，选择有代表性的地段。面积的大小通常以 hm^2 为单位，可以连续设置，在某些情况下也可扩大和缩小样方面积，比如林木稠密时，可将样方面积缩为 1/4（$50m \times 50m$），这样 $1hm^2$ 分为 4 份，在较小的面积内进行统计较为方便。在实际工作中，无论是 $1hm^2$ 或更小的面积，都需按一定的距离进行分段，并作出明显标记，划出列小的地段，统计起来方便，也准确一些。

统计的对象除了在样方内查鸟种类和数量外，也可统计鸟巢数量，找出样方内所有鸟巢，并确定种类，这样也能得出鸟类的数量情况。统计鸟类常和繁殖生态研究联系在一起。通常的做法是画出样方内的生境配置图和鸟巢分布位置，研究巢区分配、领域行为及种内、种间关系等。

样方统计要求在一定的面积内重复进行，如隔天、隔周进行，也可连续多年进行，得出种群数量及其变动。样方统计的结果是以只 $/hm^2$ 出现的，即单位面积内的只数。以此可推出研究区总面积的只数为多少。

样方统计的优点在于它精密、准确，适用生境类型也多。其不足之处在于工作量大、费时、费力，且主要适宜繁殖季节，越冬鸟类也可以用，但对迁徙鸟类调查不适用。

3.3 线点统计法

线点统计法实际上是一种简化了的路线统计法。其原理是先确定工作区内的统计路线，在每条路线上每隔一定距离（如 200m）标出一个样点作统计点，在笔记本上画成草图，以此法选定相当数目的统计点。统计时于清晨沿预定路线行进，行进时不做鸟类数量统计，至每一统计样点时，停留 3min 将所见到及听到的样点附近的鸟类种类和数量记录下来，并于草图上标出，同时要记录样点周围的环境特征、植被状况等。一般在繁殖季节统计，越冬季节进行重复统计，能比较准确地了解有关鸟类的数量及分布情况，其结果也是相对性指标。在可能的情况下，亦可骑自行车或乘汽车协助完成调查工作。

3.4 频率指数估计法

频率指数估计法也是常用的划分鸟类数量等级的方法。在整个调查期间，用每种鸟遇见的百分率（R）与平均每天遇见该种鸟数量（B）的乘积（RB），作为指数进行数量等级划分，方法是：

$$R=\frac{\text{遇见此种鸟的天数(d)}}{\text{工作总天数}}\times 100$$

$$B=\frac{\text{遇见此种鸟的总只数(d)}}{\text{工作总天数}}\times 100$$

如果 R、B 的乘积在 500 以上，则为优势种；如果在 200～500 为常见啃；200 以下的为稀有种。比如在野外调查的 20d 内共于 15d 内见到红尾

伯劳,总数达 100 只,则

$$R=\frac{15}{20}\times 100=75, B=\frac{100}{20}=5, RB=375$$

所以红尾伯劳为常见种。

3.5 条带统计法

条带统计法也可称为样带统计法，是路线统计法和样方统计法的一种中间类型。其基本原理是选择固定长度的样线,沿样线进行统计时,记录样线两侧各 25m 宽之内的鸟类种类和数量，这实际上成为一条样带。统计的结果可以用下式计算：

$$\rho=\frac{N}{LW}\times 10000$$

式中：ρ——所调查鸟种的种群密度,只 /hm^2;

N——样带内该种鸟的总只数,只;

L——样带(线)长,m;

W——样带宽,m。

例如,走完长 200m、宽 50m 的样带后,共发现 10 只环颈雉,则环颈雉的种群密度为 10 只 /hm^2。可见条带统计的结果和样方统计一样是绝对性指标。在实际工作中,样带的宽度因具体生境类型不同而变化,在草原等开阔地样带可宽一些,而在林内则可适当窄一些。

3.6 垂矩统计法

垂矩统计法是一种变化了的样带统计法。其基本原理是不事先划定样带的宽度,而是以样带中线为中轴,记录所遇见的鸟种类和数量,并且估算出鸟距样线的垂直距离,根据下列公式求算种群密度：

式中：D——种群密度,只 /hm^2;

n——遇见调查种的只数(遇见次数),只;

$$D=\frac{n}{2LA}\times 10000$$

L——样线长度,m;

A——遇见个体距样线的平均距离，m。

$$A=\frac{d_1+d_2+\cdots d_n}{n}$$

$$D=\frac{n^2}{2L(d_1+d_2+\cdots d_n)}\times 10000$$

例如，走完 200m 样线后，共发现 3 只环颈雉，距样线垂直距离分别为 5m、8m 和 12m，所以

$$D=\frac{3^2}{2\times 200\times L(5+8+12)}\times 10000=9\text{ 只 /hm}^2$$

即环颈雉种群密度为 9 只 /hm²。

在应用上述公式时，人们发现存在一个问题。当观察鸟类实体时，随着垂距的增大，鸟类个体被发现的概率将会减小；离样带中线越近的个体，被发现的概率就越大，反之就越小。没有发现的较远的个体并不等于不存在，因而记录中会出现由于这一因素带来的误差。为了修正这一误差，使记录值更趋于实际，A 就不能再是简单的垂距均值了，而应是一个函数。经过有关函数的拟合，可以得出：

修正后的公式所得密度值要低于原来的公式所得的值，这与我们的直觉相符。上述环颈雉的例子中，密度应为 6 只 /hm²。

$$D=\frac{n-1}{2LA}\times 10000=\frac{(n-1)\cdot n}{2L(d_1+d_2+\cdots+d_n)}\times 10000$$

3.7 固定半径样圆法

固定半径样圆法是样方法的一种。其基本原理是选择观察点，观察记录以该点为圆心，一定长度为半径的圆内鸟类个体数量或鸟巢数量，以此推出调查区域全部鸟类数量和密度。其计算公式为：

$$D=\frac{n}{\pi r^2}\times 10000$$

式中：D——种群密度，只 /hm²；

n——记录种的只数（巢数），只（个）；

r——圆的半径，m。

例如,以 20m 为半径的圆内共发现 2 只云雀,则云雀的密度为

$$D=\frac{2}{3.14\times 20^2}\times 10000=16\text{ 只/hm}^2$$

此种统计法和样方法的结果一样,是绝对性指标。在实际工作中,依具体情况不同,半径可变化。调查的结果应是多次统计的平均值。此种统计法适宜的生境主要是开阔地,如草原、荒漠等。

4 鸟类分类检索和识别

4.1 鸟类分类检索

我国鸟类共有1200余种,隶属于21个目。其中雀形目近700种,非雀形目500余种。下面分别列出我国鸟类分目检索表和雀形目分科检索表。

中国鸟类分目检索表

1\. 趾间具全蹼、满蹼、凹蹼或瓣蹼(如为瓣蹼则爪扁平宽阔,中爪具爪栉),跗跖较短,足适于游泳 ······ 2

趾间无蹼或仅具微蹼,个别具瓣蹼(如为瓣蹼则爪形尖锐,中爪无栉缘),跗跖或长或短,足适于涉水、步行、跳跃或树栖(仅个别种类足能游泳) ······ 7

2\. 鼻呈管状 ······ 鹱形目 Procellariiformes

鼻非管状 ······ 3

3\. 全蹼足 ······ 鹈形目 Pelecaniformes

非全蹼足 ······ 4

4\. 嘴缘有角质齿棱,嘴端具嘴甲 ······ 雁形目 Anseriformes

嘴缘无角质齿棱,嘴端无嘴甲 ······ 5

5\. 跗跖甚侧扁,其横切面上纵径大于横径之3倍(在跗中部测量) ······ 6

跗跖仅稍侧扁,其横切面上纵径小于横径之3倍 ······ 鸥形目 Lariformes

6\. 向前3趾间具满蹼;尾坚挺且明显;跗跖侧面被网鳞 ······ 潜鸟目 Gaviiformes

向前3趾各具瓣蹼;尾仅由绒羽构成,无真正的尾羽;跗跖侧面被盾鳞 ······ 䴙䴘目 Podicipediformes

7\. 颈和跗跖均较短;胫全被羽 ······ 10

颈和跗跖均较长;胫下部被鳞(小苇鳽、黄斑苇鳽和三趾鹑科例外) ······ 8

8. 后趾发达，大致与前趾平位，适于树栖，有的在树上营巢；眼先多裸出 ……………………………………………………………………… 鹳形目 Ciconiiformes

后趾短小位高百不着地或后趾缺失，若后趾发达与前趾平位则跗短于中趾连爪；适栖地面，在地面营巢；眼先常被羽 …………………………………………… 9

9. 翼大都近圆形，无退化飞羽，第一枚初级飞羽较第二枚短（三趾鹑科例外）；中小型者中趾连爪长于或等于跗，且趾间无半蹼 ………………………… 鹤形目 Gruiformes

翼形尖，退化飞羽存在，第一枚初级飞羽较第二枚长或等长（鹮嘴鹬、麦鸡属例外）；体为中小型，中趾连爪短于或等于跗（雉鸻科例外），趾基或具半蹼 ……………………………………………………………………… 鸻形目 Charadriiformes

10. 嘴基具蜡膜，上嘴向下钩曲大大超过下嘴；爪弯曲且尖锐 ……………………… 11

嘴基不具蜡膜（鸠鸽科具软膜）；嘴平直或仅稍曲 ………………………………… 13

11. 足呈对趾型；舌厚而为肉质；上喙内侧密布细横棱；体羽为红、绿、蓝、黄等鲜艳颜色 ……………………………………………………………………… 鹦形目 Psittaciformes

足不呈对趾型；舌正常；上喙内侧平滑无密棱；体羽大多为褐、灰杂斑状 ……… 12

12. 两眼侧置，无面盘；蜡膜显露；除雕属和靴雕属外，跗非全部被羽，外趾不能向后反转（渔雕属和鹗科例外），通常后爪大于内爪；尾脂腺被冉羽 ……………………………………………………………………… 隼形目 Falconiformes

两眼向前；蜡膜被硬须掩盖；跗跖全部被羽，外趾能向后反转，通常内爪大于后爪；尾脂腺裸出 ……………………………………………………… 鸮形目 Strigiformes

13. 常态足，3 趾向前 1 趾向后，内趾与外趾间的夹角可达 900（沙鸡科缺后趾，前 3 趾特化为合生趾），足适于地面跳跃或步行 …………………………………… 19

非常态足，2 趾或 4 趾向前，或虽 3 趾向前，但各趾基部并连（佛法僧科趾基虽不并连，但内侧趾间夹角一般不超过 450）或趾基以微蹼相连，足适于攀援而不适于地面活动 ……………………………………………………………………… 14

14. 前趾足（有的第一趾能逆转），第二、三、四趾近等长，4 个爪近等长，中爪内侧无锋利而突出的“刮刀”；嘴短阔而平扁、无嘴须；翼尖长、次级飞羽甚短，约为翼长的 1/3 ……………………………………………………………………… 雨燕目 Apodiformes

非前趾足，第二、三、四趾长度差异显著，4 个爪差异显著，中爪内侧有锋利而突出的“刮刀”；嘴强而非平扁（夜鹰目例外），常具嘴须；翼多圆形，次级飞羽较长，约达翼长之半或更长 ……………………………………………………………… 15

15. 异趾足；跗跖全被羽 ……………………………………… 咬鹃目 Trogoniformes

足异趾足；跗跖大多裸出，仅少数局部被羽 ……………………………………… 16

16. 对趾足 ……………………………………………………………………… 17

并趾足(前趾基并连或以微蹼相连) ………………………………………………… 18

17. 嘴强直呈楔状或粗厚略拱曲,鼻孔大多被羽;圆尾或楔尾,尾长不及体长之半,尾羽10~12 枚;尾脂腺被冉羽 …………………………………………… 鴷形目 Piciformes

嘴稍细长,嘴峰拱曲,鼻孔裸出无羽;凸尾或圆尾(仅乌鹃为平尾或凹尾),尾长达到或超过体长之半,尾羽 8~10 枚;尾脂腺裸出 ……………… 鹃形目 Cuculiformes

18. 嘴长近等于或超过头长,或虽短但较粗厚,与燕嘴迥异 … 佛法僧目 Coraciiforme

嘴长远不及头长,嘴形短阔平扁似燕嘴 ……………… 夜鹰目 Caprimulgiformes

19. 外趾基节甚短且与中趾并连,后爪长于中爪(毛脚燕等极少数例外),后趾连爪大于外趾连爪,中趾基节不长于末节(不计爪节),中趾端节(爪节除外)上长的鳞片可达短者的 3 倍 ……………………………………………………… 雀形目 Passeriformes

外趾基节非甚短且不与中趾并连, 后爪不长于中爪, 后趾连爪小或等于外趾连爪(或无后趾),中趾基节长于末节或前 3 趾成为合生趾,中趾端节(爪节除外)鳞片大小相差不大 ……………………………………………………………………… 20

20. 翼短圆,初级飞羽最长者在第三至六枚,飞羽式 4>2(鹌鹑、雪鹑等例外);嘴粗壮而钝,稍拱曲;跗跖大于中趾甚至大于中趾连爪,后趾稍高于前趾,爪钝 …………

…………………………………………………………………… 鸡形目 Galliformes

翼尖长,初级飞羽最长者在第一至三枚,飞羽式 4≤2(山皇鸠例外);嘴细弱,基部有软膜,或无软膜而嘴形甚短;跗跖短于中趾连爪,甚至短于中趾,后趾与前趾平位(有的无后趾),爪尖锐或粗钝 ………………………… 鸽形目 Golumbiformes

雀形目分科检索表

1. 嘴形粗厚而宽阔,略平扁;初级飞羽 10 枚,第一枚羽端超过最长的次级飞羽并接近翼端;向前 3 趾基部并连 ……………………………… 阔嘴鸟科 Eurylaimidae

不具上述特征 …………………………………………………………………… 2

2. 跗跖后缘圆钝,被盾鳞;后爪直长 ………………………… 百灵科 Alaudidae

跗跖后缘多侧扁呈刀棱状,左右各被覆整片纵鳞(太平鸟科例外,被盾鳞);后爪大多显著弯曲 ……………………………………………………………………… 3

3. 上下嘴缘的前部具细密的锯齿(紫颊太阳鸟例外) ……………………………… 4

嘴喙无细密的锯齿 …………………………………………………………… 5

4. 嘴峰长甚大于左右嘴角间宽,翼端圆形,初级飞羽 10 枚 … 太阳鸟科 Nectariniidae

嘴锋长约等于左右嘴角间宽;翅端方形,初级飞羽 9 枚(黄腹啄花鸟为 10 枚)……

……………………………………………………………………… 啄花鸟科 Dicaeidae

5. 嘴侧扁而高,上嘴端具钩,嘴钩两侧有一对发达的齿突 ………… 伯劳科 Laniidae

不具上述特征 …………………………………………………………………… 6

6. 体羽纯色(黑或暗灰色);尾羽 10 枚;叉尾或凹尾,尾长大于或近等于翼长;上下嘴端均有缺刻 …… 卷尾科 Dicruridae
不同时具上述特征 …… 7
7. 眼周具有细小羽毛构成的白环;上体几纯绿色;翅长不及 60mm …… 绣眼鸟科 Zosteropidae
眼周无白环 …… 8
8. 嘴粗短呈圆锥形,嘴高大于嘴峰长的 2/3 或 3/5,嘴基宽大于 5mm …… 9
嘴非粗短的圆锥形,嘴高小于或近等于嘴峰长之半,若嘴高近等于嘴峰长之 2/3,则嘴基宽小于 5mm …… 12
9. 翼尖长,翼端伸过尾端之后;初级飞羽 10 枚 …… 燕鵙科 Artamidae
方翼,翼端不伸过尾端之后 …… 10
10. 角质腭两侧纵棱的后端左右互并成 U 或 V 形;巢编织成曲颈瓶状悬挂树上,或营置于窟窿、树洞内;初级飞羽 9 或 10 枚 …… 文鸟科 Ploceidae
角质腭两侧纵棱几相平行,其后端左右不相连接;巢杯状;初级飞羽 9 枚 …… 11
11. 上下嘴缘闭合严密缝隙;巢置树上 …… 雀科 Fringillidae
上下嘴缘闭合不严,中段留有缝隙;巢置地面 …… 鹀科 Emberizidae
12. 初级飞羽 9 枚(尖翼或方翼) …… 13
初级飞羽 10 枚 …… 14
13. 嘴短弱平扁,背面观近于正三角形;尖翼;最长的次级飞羽末端不达翼长之半;脚短弱 …… 燕科 Hirundinidae
嘴非平扁;方翼;次级飞羽末端超过翼长之半,三级飞羽接近或超过翼端;脚正常 …… 鹡鸰科 Motacillidae
14. 嘴甚细长而显著侧扁,形直或呈弧形拱曲;嘴端无缺刻;无嘴须;楔尾末端坚挺;后趾连爪长于中趾连爪 …… 旋木雀科 Certhiidae
不同时具上述特征 …… 15
15. 最外侧初级飞羽长达其内侧者的 4/5;跗几与尾等长,至少达尾长之半;中趾基节趾骨全与外趾并连 …… 八色鸫科 Pittidae
不具上述特征 …… 16
16. 跗前缘被靴鳞(鸲、鸫、莺科有少数例外) …… 17
跗前缘被盾鳞 …… 21
17. 跗长大于嘴裂长 …… 18
跗长小于嘴裂长 …… 20
18. 上下嘴缘平直(仅上嘴端具小钩);无嘴须和副须(体羽纯褐色无斑或仅下体有大块

白斑）……………………………………………………………………河乌科 Cinclidae

上下嘴缘的端半部呈弧形拱曲；嘴须和副须正常发达（苇莺、蝗莺等属例外）… 19

19. 嘴较粗而侧扁，嘴端缺刻明显；翅长而平；体形与跗不纤细；体多有斑纹 ………
……………………………………………………………………………… 鸫科 Turdidae

嘴较细尖，嘴端缺刻较弱；翅短而凹；体形和跗较纤细；体色单调，大多无斑纹 ……
……………………………………………………………………………… 莺科 Sylviidae

20. 体羽有显著的嫩绿或鲜黄色；尾长不小于翼长（相差 10~25mm）；颈项发状纤羽不显 ……………………………………………………………… 和平鸟科 Irenidae

体羽多有褐黄或褐绿色；尾长大于或近等于翼长（黑短脚鹎例外，尾小于翼，可达 20mm）；颈项发状纤羽显著 …………………………………… 鹎科 Pycnonotidae

21. 飞羽与尾羽均具鲜红或鲜黄色艳斑；颏喉与贯眼纹黑色 … 太平鸟科 Bombycillidae

不具上述特征 ……………………………………………………………………… 22

22. 尾短，约为翼长之半；嘴较粗壮直长，无缺刻；后趾连爪等于或大于中趾连爪 ……
……………………………………………………………………………… 䴓科 Sittidae

不同时具上述特征 ………………………………………………………………… 23

23. 鼻孔全被羽或须掩盖（秃鼻乌鸦成鸟例外）…………………………………… 24

鼻孔裸露或仅被少数羽或须（少数例外）……………………………………… 29

24. 第一枚初级飞羽超过第二枚长度之半 ………………………………………… 25

第一枚初级飞羽不及或仅及第二枚长度之半 ………………………………… 27

25. 嘴形平扁（跗短于中趾连爪；大多嘴须发达）………………… 鹟科 Muscicapidae

嘴非平扁 …………………………………………………………………………… 26

26. 翅长超过 120mm（褐背拟地鸦例外）；嘴形粗长；体羽较紧实 …… 鸦科 Corvidae

翅长不及 120mm（红嘴鸦雀例外）；嘴形短厚甚侧扁，嘴高几等于嘴长；体羽较松散
……………………………………………………………… 画眉科：鸦雀属 Paradoxornis

27. 凸尾，最外侧尾羽仅及尾长之半；尾长约为翼长的 1.5 倍；嘴峰小于 8mm ………
……………………………………………………………… 长尾山雀科 Aegithalidae

非凸尾；尾长小于或仅稍大于翼长；嘴峰大于 8mm（黄眉林雀例外）………… 28

28. 嘴形较粗钝；第一枚初级飞羽长于初级覆羽；杯状巢，置于树洞或岩洞内 ………
……………………………………………………………………………… 山雀科 Paridae

嘴形尖细；第一枚初级飞羽短于初级覆羽；囊状巢，悬于枝端 … 攀雀科 Remizidae

29. 鼻孔完全裸露 ……………………………………………………………………… 30

鼻孔多少有羽或须遮盖着 ………………………………………………………… 33

30. 方翼或尖翼 ………………………………………………………………………… 31

圆翼 …………………………………………………………………………………… 32

31. 尾长大于翼长的 2/3,翼长不及 100mm;嘴须和副须存在;嘴尖 1/3 处左右狭缩;嘴裂长显然小于跗长 …………………………………………… 岩鹨科 Prunellidae

尾长小于翼长的 2/3,翼长超过 100mm;嘴须和副须几乎消失;嘴尖 1/3 处不狭缩;嘴裂长近等于跗长 …………………………………………… 椋鸟科 Sturnidae

32. 翅长超过 100mm;尾长超过 60mm;嘴须存在 ………………… 黄鹂科 Oriolidae

翅长不及 60mm;尾长不及 40mm;无嘴须(体棕色,满布褐色横斑) ……………………………………………………………… 鹪鹩科 Troglodytidae

33. 腰羽羽轴基半部粗硬,端半部突变细软,手触折羽轴时基半部羽轴有刺手感;跗等于或小于嘴裂长;最长的次级飞羽与翼端之距大于第一枚安级飞羽且大于翼长的 1/4 …………………………………………………………… 山椒鸟科 Campephagidae

腰羽无刺手感;跗大于嘴裂长;最长的次级飞与翼端之距小于第一枚初级飞羽且小于翼长的 1/5 …………………………………………………… 画眉科 Timaliidae

4.2 野外常见种类识别

4.2.1 䴙䴘类

乍看似鸭,一般在水中游泳或潜水,很少上岸。与鸭比,颈多较细长,游泳时几乎看不见尾,遇敌一般少起飞而潜水逃脱。飞翔时两脚明显伸于尾后。主要取食小鱼、水生昆虫。在水面草丛中营巢繁殖。

常见种类有小䴙䴘、赤颈䴙䴘和凤头䴙䴘。

4.2.2 雁类

一般羽色为褐或灰色,其尾下部有一块白斑,脚和喙为橙或粉红色。颈部较长。常见在陆地上觅食青草和草根,到水边饮水和休息。善游泳,不会潜水,喜结群活动。营巢于岸边陆地上。迁徙时呈"一"或"人"字形,扇翅和飞行速度较慢。常见种类有鸿雁、豆雁等。

4.2.3 河鸭类

极为常见的水禽。一年中羽毛颜色有较大变化。在繁殖季节,雄鸭羽色鲜艳,雌鸭多为褐色,是很多的保护色。繁殖季节过后的换羽期雄鸭和雌鸭相似,不易识别。栖息于浅水湖泊和沼泽区,在水域浅层处觅食。一般不潜水,多是尾部朝天、伸颈倒立取食。营巢于水域陆地或草桩之上。常见种类有白眉鸭、罗纹鸭、绿翅鸭、花脸鸭、斑嘴鸭、绿头鸭、针尾鸭。

4.2.4 鸥类

是鸥科中体形较大的类群。体色多为白色或淡灰色。嘴强,上嘴大多长于下嘴，尖嘴向下钩曲。嘴、脚的色彩鲜艳，多为红、黄或粉红色。翼宽大，常在水面上鼓翼翱翔，游泳时尾端翘起，翅端伸到尾的后上方，与其他游禽不同。栖息于江河、湖泊、沼泽、在水上漂游，在岸边泥地中休息。常从空中向水面滑下，叼取食物。在水域附近营群巢。鸥类成体、亚成体及冬夏羽色变化较大，识别时有一定困难。常见种类有黑尾鸥、银鸥、红嘴鸥等。

4.2.5 鹭类

种类较多且栖息于不同生境，但所有种类均具有共同的特征：腿长身直，颈长而弯曲，嘴尖而长。羽色分褐黄色（苇鳽）、白色（白鹭）、灰褐色（苍鹭等）。飞行时头颈缩成“乙”字形，两腿向后伸直，两翅扇动慢而柔，翅端圆形。喜独自觅食，食鱼、蛙及水生昆生。与其他鹭类相比，鳽的活动比较隐蔽，它们通常在草丛中取食，遇惊会僵直不动，非常不易发现。鹭类在树上或苇丛中营松散的大型巢。常见种类识别方法见表 5-15。

表5-15 常见鹭类的野外识别比较

种名	大小	体色	主要栖息地
大白鹭	大	全体纯白色，嘴、腿均黑色，秋后嘴变黄色	水边、湖滩，在大树上营巢
中白鹭	中	全体纯白色，嘴前黑后黄色，腿黑色	南方水边、稻田，在大树上营巢
白 鹭	中	全体纯白色，有两枚辫羽，嘴、腿均黑色	南方水边稻田，在大树上营巢
绿 鹭	中	灰绿色，头顶及冠羽黑色，腿不长	近山溪流、稻田，在树上营巢
苍 鹭	大	体白色，背灰色，羽冠黑色	水边、湖滩，在大树上营巢
夜 鹭	中	头颈粗胖，头顶至上体黑色，下体白色，有两枚白色辫羽	水边，夜间飞时常发出“wa-”的叫声，在大树上营巢
池 鹭	中	头颈紫红色，背黑腹白色	沼泽、稻田，在大树上营巢
大麻鳽	大	体棕黄色，有暗褐色纵纹	沼泽、苇塘，在苇草中营巢
黑 鳽	中	体大部铅黄色，颈侧有黄斑	南方近山水边及稻田，在竹林中营巢
栗苇鳽	小	全体几为栗红色，嘴黑色	稻田及苇塘，在苇草中营巢
紫背苇鳽	小	上体紫栗色，下体黄色，雄鸟无纵纹，嘴黄色	稻田及苇塘，在苇草中营巢
黄斑苇鳽	小	背棕腹黄色，飞时翅端及尾端黑色明显，嘴黄色	稻田及苇塘，在苇草中营巢

4.2.6 鹤类

是最引人注目的涉禽。体形大,腿很长,这点与鹭、鹳相似。但鹤的颈又长又直,三级飞羽特长,站立时,羽毛下垂,盖过尾羽(外观易误认为尾)。与鹳相比,喙略小,且身体略显细些。飞行时伸颈伸腿。鹤喜欢集群在开阔的湖边、沼泽泥滩上取食,用尖嘴翻掘植物根茎,有时食鱼、蛙及昆虫。营巢于沼泽苇地上。

4.2.7 秧鸡类

是数量较多的一类水禽,栖息于茂密的芦苇沼泽、稻田及红树林中。体为中小型,形似小鸡。繁殖季节额部多甲板。翅短圆,不善飞,飞行时脚悬在空中,是这一类的野外识别特征。腿、趾较长。许多种属夜习性的动物,白天难以发现它们活动,遇敌时在草丛间快速奔跑,不轻易起飞,隐蔽性很好。取食昆虫、蠕虫及底栖无脊椎动物,也食水生植物和种子。营巢于水边或水中草丛间。常间种类有普通秧鸡、小田鸡、白胸苦恶鸟、董鸡等。

4.2.8 鸻类

鸻科鸟类体胖,颈粗,喙短,很大,与鹬类相差很大。嘴端具有降端结构。麦鸡翅圆,尾羽白色有黑色条纹。有的头上有冠羽,有的脸部有肉垂,有的翅有翼距。鸻体形比麦鸡小,脚短,翅膀尖而狭长,飞行速度较快,无羽冠、肉垂或翼距。鸻科鸟类的觅食行为较独特,取食时以“站立一奔走一啄食”的机械动作完成。经常出现在潮间带泥沙滩或在草丛和河岸边。营巢于地面上,巢、卵与环境相似,保护色强,不易被发现。常见种类有灰头麦鸡、风头麦鸡、金眶鸻、剑鸻等。

4.2.9 鹬类

鹬科鸟类是种类最多的水禽, 多数在北极圈和西伯利亚北部的冻原地区繁殖,每年秋季又飞往温暖的南方越冬。除了少数种类在中国的北方繁殖外,大部分属于中国大陆的旅鸟。鹬和鸻区别很大,其喙、脚、身体和翅都较纤细修长。在长期的进化中,各种鹬的嘴形发生很大的变异,以适应不同觅食习性的需要。鹬科鸟类通常是靠喙尖在泥里凭触觉索食,因此它们的喙较长且十分灵巧,而视觉有所退化,眼睛较小。迁徙期,鹬科鸟类混群迁飞,时常可以看到它们在开阔的泥滩、淡水沼泽和稻田里停下来觅食。繁殖期,多数种类羽色较鲜艳,黑白、栗色等羽毛交织成复杂的图案。

到越冬季节，换去婚羽，代之是灰褐色冬羽。在迁徙途中的混群鹬鸟，有些是冬羽，有些是夏羽，有些则是处于过渡时期，给野外识别带来一定困难。常见的鹬科鸟类有杓鹬、沙锥、鹬、半蹼鹬、塍鹬、滨鹬等。

4.2.10 隼类

隼科猛禽体形均为中小型，没有鹰科那样的大型种类。种类不多，但较常见。常在开阔地遇见。嘴形上和鹰科鸟类有较大的区别。隼类的翼多尖长，飞行速度较快。以昆虫、小型鸟类及其他动物为食。营巢生境广泛，树上、地面、悬崖石隙等均可为巢。常见种类有燕隼、红隼、红脚隼等。

4.2.11 鹰类

鹰科鸟类种类较多，数量也较大。由于它们栖息的生境十分广泛，因此在野外工作中较易发现这一类鸟。从体形上看，这类鸟大中小型均有，大型的如雕类、海雕类、秃鹫等，中型的如鸢、苍鹰、蜂鹰等，小型的如雀鹰、松雀鹰等。嘴峰强弱差异较大。所食猎物因种而异，可以是小型动物如昆虫、小型两栖类、小型鸟类，也可能是较大型动物，如雉鸡、野兔，甚至更大的哺乳动物。营巢生境也十分广泛，多数种类在树冠上营大型巢，也有在地面、悬崖上、沼泽地、甚至洞中营巢的。在野外，最常见到鹰科的鸟类是它们在空中盘旋，这是这类鸟最典型的野外特征。因此要识别该类鸟应掌握其飞行特点。常见几类猛禽的野外识别特征比较见表 5-16。

表 5-16 常见几类猛禽的野外识别特征比较

类群	飞翔体形			飞翔状态		栖息地
	大小	翅形	尾形	扇翅	前进	
隼	似乌鸦	尖长	狭长，尾端截形	深而速	直线，少滑翔	林缘、丘陵、田野
鹰	似乌鸦	短圆	较长，尾端截形	较小	直线，能滑翔	森林、林缘、田野
鵟	似乌鸦	宽长，翅端分叉	长，尾端略呈圆形	深而慢	善滑翔	林缘、草原、水边、田野
鸢	比乌鸦大	宽长，翅端分叉	不长，尾端浅叉形	深而慢	善滑翔	林缘、村镇、田野
鹫	比乌鸦大	宽长，翅端分叉	宽，尾端圆形	深而慢	善滑翔	林缘、村镇、田野
雕	比乌鸦大	宽长，翅端分叉	宽，尾端圆形	深而慢	善滑翔	林缘、村镇、田野

4.2.12 鸱鸮

是大家所熟悉的夜间活动猛禽，俗称“猫头鹰”。这一类群的种数和数量较大，虽然普遍夜间活动，但比较常见。体大中小型均有。眼睛显得很大，这是一个典型特征。嘴钩曲，爪长而有力。翼短圆，跗跖基本被羽到趾基部，羽毛极其柔软，因此飞行时静寂无声。白天一般躲藏在树林深处栖息，受干扰时作短距离飞行，随即再隐藏起来。每一种类多有自己特色的鸣叫声，无论白天还是夜晚，均能听到鸣叫。叫声是识别鸮类的重要手段。以鼠类、昆虫等动物为食，营巢于树洞、岩隙、地面等各种生境。数量较多的常见种类有长耳鸮、短耳鸮、雕鸮、长尾林鸮等。

4.2.13 鸠鸽类

鸠鸽类最典型的特点是嘴基有软膜。脚短而强，善在地面行走，翼较尖长，快速飞行时往往由于翅膀扇动而发出“啪啪”的声音，这是鸠鸽类的一个显著特点。多数种类栖息于居民点附近的开阔地，一些南方的种类（如皇鸠、果鸠）林栖性较强。主要以植物种子为食，营巢于树冠上，怀状巢。常见种类有几种斑鸠（表5-17）、岩鸽等。

表5-17 几种斑鸠的野外识别特征比较

种名	大小	体色	后颈	鸣叫	栖息地	分布
山斑鸠	似鸽	灰褐	杂有蓝灰色斑	二声一度，如“gu-gu-”	松林、农田附近树林	全国
珠颈斑鸠	似鸽	灰褐	黑色半环中有白点	三声一度，如“hu-gu-gu-”	居民点及其附近树林	河北以南
火斑鸠	比鸽小	葡萄红	有黑色半环	三声一度，先有一单音，如“gu-gugugu”	松林、农田附近树林	河北以南
灰斑鸠	似鸽	灰褐	有黑色半环	三声一度，如“gu-gu-gu”	松林、农田附近树林	北部

4.2.14 雉类

雉类主要分布于南方的山地森林中。这个类群基本上是不迁徙的，因此大都地域性局部分布。这是一个很大的类群，据统计，我国产53种雉，有“雉类王国”之称。绝大多数雉类的两性羽色不同，雄鸟色彩鲜艳，雌鸟则较暗淡。由于雉类多数体色鲜艳，又兼局部分布，因此野外识别相对容易些。在繁殖季节，雄性有各种鸣叫，借此可以识别种类。食物为果实、种子及一些小动物。营巢于地面浅凹处。常见的种类有鹌鹑、雉鸡、锦鸡、马鸡、白鹇、石鸡、竹鸡、鹧鸪等，均为重要的经济鸟类。

4.2.15 杜鹃类

杜鹃类是典型的林栖食虫鸟类，由于多数种类叫声中有似“布谷”之音，因此谷称为“布谷鸟”。杜鹃类尾很长，停息于树上时，两翅低垂在尾下方，这是典型的识别特征。杜鹃类羽色颇为相似，因此在野外识别杜鹃类更重要的是靠鸣声。表 5–18 归纳出了常见杜鹃类的识别特征。

表 5–18 常见杜鹃类的野外识别特征比较

种类	体羽	鸣声
大杜鹃	上体暗灰色，下体具细横纹	似“gu–gu”，两声一度，连鸣不休
中杜鹃	上体暗灰色，翼缘纯白色	似“gu–gu–gu–gu–”，叫声高而慢
小杜鹃	上体灰褐色，下体具宽横纹	似“guo–guo– guo– guo– guo”，第四、五声最高，声急
棕腹杜鹃	上体灰褐色，下体棕红色	似“gu– gu–”或“guo–guo”，叫声低而慢
四声杜鹃	上体灰褐色，下体具粗横纹，尾具黑色端斑	似“gu–gu–gu–gu”，四声一度，声急
红翅凤头鹃	上体黑色，两翅栗红色，羽冠明显	似“xu–xu”，两声一度，[似吹长哨
鹰鹃	上体褐色，胸具纵纹	似“gui–gui–lu”，三声一度，越叫越响
噪鹃	全身黑色	似“wo–”，叫声响
小鸦鹃	头尾均黑色，两翅栗红色	雄鸟似“wu–wu–wu–wu”，雌鸟似“ka–da–gu”

杜鹃类是著名的食虫鸟类，是森林益鸟。繁殖时有巢寄生行为，鸦鹃类则为自己营巢，地栖性较强。

4.2.16 啄木鸟类

啄木鸟类是一群善于在树干上攀援的鸟类，常见在树干上攀升，身体与树干平行。能用嘴凿破树皮，取食蛀虫或虫卵，食虫能力很强，因而有“森林医生”之称。叩树的声音连续而响亮，在林内可传出很远，这是该类鸟一个共同的行为特点。凿状的嘴、楔尾和对趾足是啄木鸟适应于树干上攀援、取食的重要形态特征。营巢于树洞中,洞巢基本上是由啄木鸟自己凿出的,多位于枯立木上。

常见的啄木鸟可以从体色和鸣叫特征上加以区别(表 5–19)。

表 5–19 常见啄木鸟的野外识别特征比较

种类	体羽	攀树干	飞行	鸣叫
黑枕绿啄木鸟	主为绿色,雄鸟头顶红色	垂直向上	大波浪	似“ha–ha”,声大
黑啄木鸟	全黑色,雄鸟头顶红色	垂直向上	大浪浪	似“wa–wa”,声大
斑啄木鸟	主为黑色,翅有白斑,围肛羽红色	绕圈向上	小流浪	似“di–di”,声尖
白背啄木鸟	体主为黑色,背白色腹有黑纵纹,围肛羽红色	绕圈向上	小流浪	似“di–di”,声尖
棕腹啄木鸟	体黑色,唯腹棕褐色	绕圈向上	小流浪	似“di–di”,声尖
星头啄木鸟	似斑啄木鸟,但体小,无红色围肛羽,头顶红色	绕圈向上	小流浪	似“shui–shui”
三趾啄木鸟	额羽先端白色,头顶金黄色羽	绕圈向上	小流浪	似“wa–wa”

4.2.17 百灵和云雀类

百灵和云雀类属百灵科,这类鸟栖息于开阔区域,尤其是草原、农田及稀生灌木的丘陵草坡等。体大小和麻雀相似,或稍大。体羽多为土黄色,和背景较为一致。体形较修长。翼短阔,嘴短尖而稍粗。善在地面行走,因此后爪一般较直长,和鹡鸰科的一些开阔地活动的鹨类相似。

在地面行走觅食,繁殖季节有从地面振翅向上、边飞边鸣的行为,有时振翅在空中停留一段时间。鸣声十分响亮,因此俗称“告天子”,这是该类鸟野外的鉴别特征。营巢于地面浅窝中,极隐蔽。常见种类有云雀、凤头百灵、蒙古百灵等。

4.2.18 燕类

燕类属燕科。该类鸟主要栖息于居民区附近、农田及草原等开阔地。体羽多为黑或灰褐色。适应于空中飞捕昆虫,嘴背面观多为三角形,平扁。翼为尖翼,善飞行。脚短弱,不善在地面行走。野外燕类多见于空中飞行,或者成排停落在电线上。飞行时, 和雨燕等几种尖翼善飞的鸟间区别可见。其中雨燕的翼更长且似镰刀状，飞行更快。

燕类在空中飞捕昆虫为食，营巢于建筑物上，或野外沙丘上以土洞为巢。常见燕类有家燕、金腰燕、毛脚燕、灰沙燕等。

4.2.19 鹎类

鹎类属鹎科，是一类较典型的林栖鸟类，多分布于南方。多数种类体色艳丽。体形中等大小。嘴长适中（鹎属和短脚鹎属）或粗短稍弯曲（鹦嘴鹎属）。翼较圆。多集成小群，站立枝头，相当吵闹。

鹎类在林内以昆虫、浆果或果实为食。鸟巢呈杯状，位于矮灌丛间或树上。常见种类有红耳鹎、白头鹎、红臀鹎、栗耳短脚鹎、绿鹦嘴鹎等。

4.2.20 伯劳类

伯劳类属伯劳科，主要栖息于较开阔区域的林地中，如居民点附近。南北方均有分布。体形中等大小。嘴强健，上嘴尖端钩曲，并有缺刻和齿突，不同于一般雀形目中的食虫鸟类。头部有黑色贯眼纹是伯劳类一个重要识别特征。尾长，凸尾。站立于树尖、电线等暴露处，受干扰时尾会上下摇动。鸣声粗厉，尤其是繁殖季节。性较凶猛。

伯劳类以昆虫、小型两栖类，甚至小型鸟类为食。取食时多将猎物挂在树刺上撕食，也将剩余未吃的猎物穿在树刺上。营巢于树上、矮灌丛上，典型的杯状巢。

4.2.21 卷尾类

卷尾类属卷尾科，和伯劳类相似，是栖息于开阔区域的林栖鸟类，主要分布于南方。卷尾类的体羽多是纯黑或纯灰色，这是其重要鉴别特征。另外，其尾羽为深叉状，外侧尾羽向外卷曲，尾亦很长，因此容易辨认。翼尖长，飞行时有飘动的感觉。卷尾类的叫声有很响亮的金属声，繁殖季节更为明显。

性情较凶猛，居民区内常见卷尾类鸟驱赶鹰、隼等猛禽。一般飞捕昆虫，营巢于树上，巢小，孵卵时头尾均伸在巢外。常见种类有黑卷尾、发冠卷尾、灰卷尾等。

4.2.22 椋鸟和八哥类

椋鸟和八哥类属于椋鸟科。体中等大小，较为粗壮。陆栖性鸟类，栖息于居民点附近或其他开阔区域的林地中。嘴较强而先端尖细。跗跖强壮，适宜地面奔走。尾短。飞行平直而快，喜集群活动，繁殖后期或越冬期常聚成大群在农田里或树上觅食。鸟群非常吵闹。

椋鸟类是著名的食虫鸟类，常见种类有分布于南方的丝光椋鸟、灰背椋鸟、黑领椋鸟，广泛分布的有灰椋鸟、北椋鸟。八哥类则是著名的笼养鸟，主要分布于南方，村落、田园十分常见，如八哥、家八哥，笼鸟中的鹩哥等。

4.2.23 鸦类

鸦类属于鸦科，是雀形目中的大型种类，既有树栖性强的种类，也有地栖性很强的种类。体羽色彩有三个类群，一是体色十分艳丽的，如红嘴蓝鹊；二是体色黑白相间的，如喜鹊；三是全黑的，如大嘴乌鸦。嘴和脚均十分粗壮，尾形长短不一。雌雄同色。飞行略显笨拙。喜集群，越冬期有些种类可集成几百上千只的大群。

鸦类是典型的杂食性，爱食腐肉。用树枝筑巢于树上，或者利用树洞和岩隙为巢。多为分布地的留鸟。常见种类如喜鹊、灰喜鹊、红嘴蓝鹊、灰树鹊、大嘴乌鸦、小嘴乌鸦、白颈鸦、寒鸦、红嘴山鸦等。一般认为鸦类是鸟类中最具智慧的类群。

4.2.24 鸫类

鸫类属于鸫科。这是一个大而庞杂的类群。体形上有大型似鸦者，如虎斑地鸫等；有中等大小的，如斑鸫；有小型的，如黑喉石即鸟 等。多数鸫类是树栖兼地栖生活的，少数种类更趋于地栖生活。也有一些种类近水生活，如燕尾、水鸲等。鸫类可生活在较密的森林里，也有的种类生活在开阔的林内。

鸫类的体羽多较艳丽，一般种类之间可根据体色加以区分。雌雄多有差异，也有相同的。嘴形较为统一，均属直尖形。翼尖形或稍圆，尾长不一。跗跖多较为强壮，适宜在地面栖息觅食。

一些种类在非繁殖季节集群，多数独居。繁殖期鸣声都较为悦耳，因而很多种类被作为笼养鸟。食物为昆虫、浆果和种子。在灌丛、地面、树上或岩隙、树洞均可营巢。常见而广泛分布的有地鸫属的白眉地鸫、虎斑地鸫；鸫属的斑鸫、灰背鸫；石鵰属的黑喉石鵰鸟 ；鹊鸲属的鹊鸲；歌鸲属的红点颏、蓝点颏、蓝歌鸲；鸲属的红胁蓝尾鸲；红尾鸲属的北红尾鸲；矶鸫属的蓝矶鸫；啸鸫属的紫啸鸫等。

4.2.25 画眉类

画眉类属画眉科，是我国种数最多的科。和鸫一样，是一个庞杂类群。体形有大型的，如钩嘴鹛、噪鹛；中型的，如画眉；小型的，如雀鹛、鸦雀等。多数画眉类是以树栖为主的，少数也栖。一般画眉类生活在南方的山地林内，北方较少。

画眉类羽色多较艳丽，一般根据羽色可对种类加以区别。雌雄羽色相同或不同。嘴形可分为四类；一是直尖而短壮的，如画眉等多数种类；二是尖长而稍向下钩曲的，如钩嘴鹛；三是较短而上嘴钩曲的，如鵙鹛；四是极短壮或稍钩曲的，似鹦鹉嘴形，如鸦雀。绝大多数种类翼短圆，飞行能力很低。跗跖强壮，能在地面跳跃。尾长不一致。

野外画眉类鸣声悠扬，悦耳动听，但一般很难见到其踪影，较为隐蔽。该类群迁徙倾向不强烈。单独或集群在林内生活。食昆虫、果实等。在地面、灌丛或树上均可营巢。常见种类有相思鸟属的红嘴相思鸟；钩嘴鹛属的棕颈钩嘴鹛；噪鹛属的黑脸噪鹛、画眉、黑领噪鹛；鸦雀属的棕头鸦雀；凤鹛属的白腹凤鹛等。

4.2.26 莺类

莺类属莺科。该类也是一个庞大的类群。多为典型的树栖鸟类；苇莺类也近水苇丛而栖。体形除少数是中型外，多为小型种类。体羽色彩较为一致，多为单调的草绿色或黄褐色。翼短圆。尾长不一，以凸尾居多。跗跖纤细。

莺类独居或结群活动，活泼好动，飞翔力强，大都发出单调的鸣叫，在繁殖季节，许多种类有动听的啭鸣。食昆虫、蜘蛛、蜗牛等。巢杯状或圆顶形，筑于树上、灌丛等处。常见种类有南方分布的鹪莺、扇尾莺、缝叶莺，广泛分布的蝗莺、树莺、柳莺等。

4.2.27 鹟类

鹟类属鹟科。这是一个种类繁多的类群，典型的森林鸟类。体形多为小型种类。体羽色彩或者以褐灰色为主，或者十分艳丽的蓝色及锈红色。与鸫类、鹛类、莺类相比，该类的典型特征是嘴扁平，嘴基阔，嘴须甚发达。跗跖也略显短而弱。

林内或灌丛内栖息，好独居，较隐蔽。食昆虫，常见从停息处飞出抓捕飞虫后回原处停落，这是鹟类一个典型的行为特征。有些种类在繁殖季节有轻快的颤音鸣唱。巢杯状，筑于树叉上或树洞或岩隙中。常见种类有广泛分布的乌鹟、斑胸鹟、北灰鹟、白眉姬鹟、黄眉姬鹟、白腹蓝姬鹟等。

4.2.28 山雀类

山雀类属山雀科。这是一类小型的林栖食虫鸟类。从密林到稀疏林地都有栖息。体色多为黑白色，少数种类鲜艳。两性羽色相同。嘴短壮，略呈圆锥形。翅短圆，跗跖适中，尾长短不一。

大多是分布地的留鸟。结小群活动，飞翔力弱。性活泼好动。多在树上觅食昆虫和其他小无脊椎动物，也食果实。绝大多数为洞巢，内有铺垫物。常见种类的识别见表 5-20。

表 5-20 几种山雀的野外识别特征比较

种名	大小	体色	鸣叫
大山雀	较大	头黑、颊白色，下体白色，有一黑纵纹	常三声一度，如“zi-zi-gui-”
沼泽山雀	适中	头顶黑色，头侧白色，下体无黑纵纹	较大山雀尖细，“zi-zi-gui-gui-”
煤山雀	适中	头黑、颊白色，下体皮黄色，无纵纹	尖细，如“zi-，zi-”
黄腹山雀	适中	头黑、颊白色，胸及腹鲜黄色	尖细，连续如“zi-gui，zi-gui，zi-gui”或“zi-zi-mo-，zi-zi-mo”z

4.2.29 文鸟类

文鸟类属文鸟科，是一群伴人生活习性很强的小鸟。身体浑圆。嘴厚，呈圆锥形。跗跖稍强。多数种两性羽色相同。一般为分布地的留鸟。

文鸟类树栖或地栖。大多终年集群活动。飞行时组成密集群体，不断发出呼唤同伴的叫声。食各种植物种子。营巢于树上，巢多样，多精巧。常见种类有广泛分布的麻雀和南方分布的斑文鸟、白腰文鸟。多数种类可作为笼养鸟，并且已有许多人工选育的品种。

4.2.30 雀类

雀类属雀科。这是一个较庞大的类群。栖息于山地林内或开阔地域的林内。体形中小型。体羽变化较大，多数种类较鲜艳，可根据羽色识别。嘴呈短而粗的圆锥形，少数种类上下嘴相交叉（交嘴雀属），翼形稍圆，跗跖稍强。尾形多凹。多数种类为候鸟。

独居，有时集群活动，越冬季节更是如此。地栖、树栖均有。鸣声多样，有些种类鸣唱十分悦耳。食物为植物种子，在繁殖季节则大量食虫。营巢于树上、地面、树洞等。常见种类有燕雀、黑尾蜡嘴雀、朱顶雀、金翅雀、黄雀、朱雀、交嘴雀等。多数种类可作为笼养鸟。

4.2.31 鹀类

鹀类属鹀科，也有认为属雀科的一亚科，也是一个很大的类群。在分类形态上和雀类相似。体形为中小型，体羽多为黄褐色，雌雄一般不同。嘴形为短而粗的圆锥形，翼形稍圆，尾较长，大多数种类外侧尾羽有白斑，飞行时明显可见。多为分布地候鸟。

和雀类相比，鹀类更喜在林木下层或灌丛中活动，经常在地面觅食。鸣声悦耳动听。食物有种子，也食昆虫。营巢位置多为地面，也有树上的杯状巢。常见种类很多，如灰头鹀、小鹀、白眉鹀、黄喉鹀、三道眉草鹀、黄胸鹀、栗鹀等。几乎全部种类均可作为笼养鸟。

第六章　哺乳类

1　主要形态分类依据

兽类多在晨昏或夜间出来活动，白天较少遇见，而且在一定距离外识别活体兽类，一般只能到属，甚至仅能到科，许多小型兽类的相近种，特别是鼠类和鼩鼱等，需要依据量度指标或某些内部特征才能准确鉴定。因此，野外识别活体兽类难度比较大。

野外识别兽类的主要方法有：直接观察、活动痕迹的识别和洞巢的观察三个方面：

1.1　直接观察

在野外如果见到不认识的野兽，应集中注意辨认下列特征。

1.1.1 个体大小及一般外貌

它是小型兽，象小家鼠、褐家鼠？还是中型兽，象猫、兔、狐？

1.1.2 毛被的颜色

动物的基本毛色是什么色？头部、身体、臀部有无特殊的条纹或斑点。

1.1.3 显著的特点

有无尖长的鼻？耳的形状和有无簇毛？尾的长短和形态？行动方式是跑还是跳？

1.1.4 生境和具体场所

是发现在树林里还是农田、水边？是见于地下、地上还是树上？

依据上述特点，可以大致地确定它是哪一属或科的兽类，如果当地的种类比较单纯，则可判定到种。在野外经验不足的情况下，则应获得标本，查对检索表后才能准确地鉴定。

1.2 活动痕迹的识别

许多兽类行动迅速而机警，或多在夜间活动，对它们进行直接观察很困难，甚至不可能，而研究其活动痕迹，则能获得有关它们生活的许多重要资料。活动痕迹是兽类活动时遗留下来的一切痕迹，包括足迹、采食残迹、卧迹、粪便、尿斑等。其中足迹在野外较易见到，且具连续性。在河边沙岸或雨后泥地上的，称为黑踪；冬季在雪地上的足迹叫做白踪。

1.2.1 足迹类型

为了研究方便，一般按其成像特点，分为 3 种类型：

1.2.1.1 单足迹

单足迹是指动物的单个脚印。单足迹的大小、形状，因种而异，通常大形单足迹长度在 5cm 以上，如虎、驼鹿、马鹿等；中形单足迹长度在 2cm 以上，如紫貂、黄鼬、小麂等；小形单足迹长度在 2cm 以下，如各种鼠类。

1.2.1.2 足迹组

足迹组是指动物前后左右四足的脚印组。足迹组因兽类的种类、性别、行为特点的不同而有很大的变化。因而，仔细地观察足迹组的特点，对于准确的鉴别具有很大的实际意义。足迹组的宽度，即左右单足迹之间的距离，对于鹿科动物的雌雄有时具有鉴别意义；而在相同条件下，根据足迹组的长度（即步距），常可估计同种兽类个体的大小，然而，由于雪被状况和动物行动特点的不同，足迹组的长度也有变化（图 6-1）。

1. 2.1.3 足迹链

足迹链是指动物行走时留下的成行脚印，即通常所说的“踪”。兽类足迹链的形式，由于动物的种类、行走姿式和活动特点的不同而各不相同。一般说来，足迹链乃是足迹组的延伸，但随着足迹组的延长，又出现了许多新的特点和附加痕迹，如游荡漫步、追捕食物以及卧迹、尿斑、粪便、食物残迹或啃食痕迹等等。这些特点不仅具有鉴别意义，而且还为我们提供了许多重要的生物学资料。足迹链的长度与该种动物一昼夜行走的距离相符。各种动物在一昼夜间的活动范围，因天气情况、雪被厚度、食物多寡等因素的影响而有所差异。

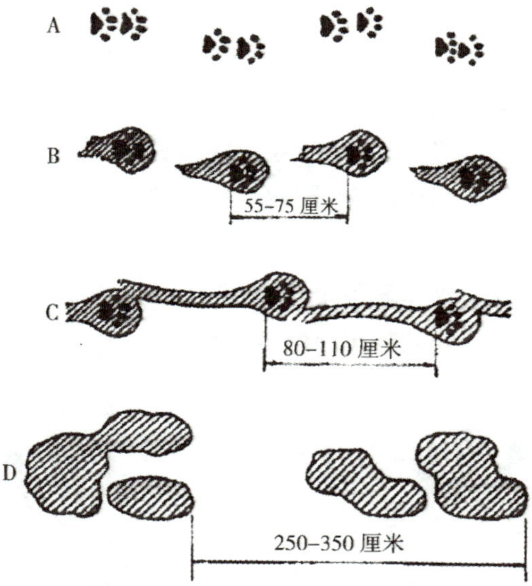

A. 在湿沙地或薄雪地上的步行足迹；B. 在厚雪地上步行的足迹；
C. 在厚雪地上大步走的足迹；D. 在厚雪地上跳行的足迹组，足迹模糊不清

图 6-1 东北虎在不同雪被上的足迹组

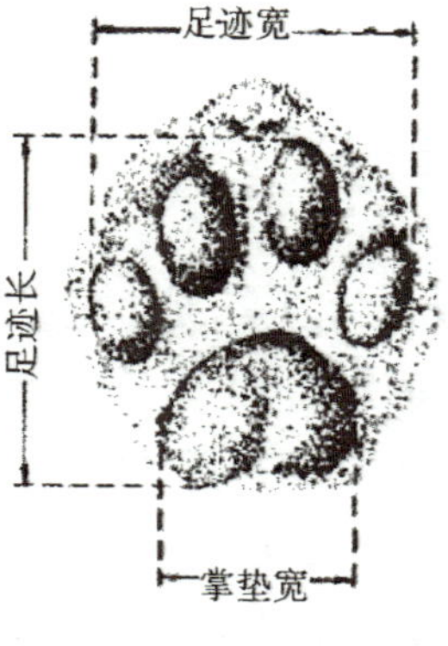

图 6-2 东北虎前足单足迹测量方法

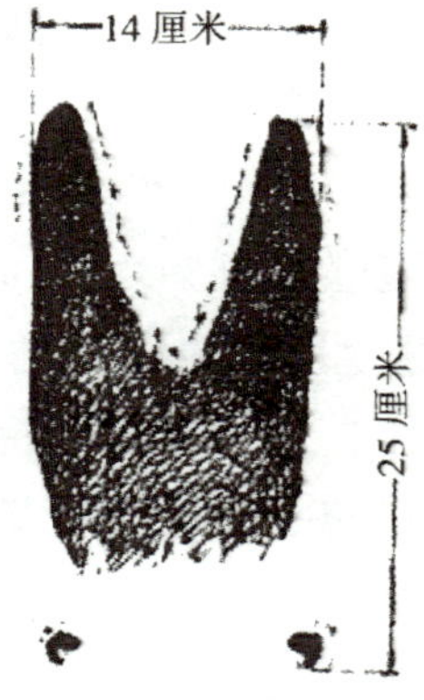

图 6-3 驼鹿后足单足迹测量方法

1.2.2 足迹的测量

泥地足迹和雪地足迹的测量方法相同。测量足迹用木质或塑料小直尺，单位精确到毫米，测量时，应把尺子悬空拿着量或把尺子放在足迹的一侧量，不要放在足迹上，以免弄乱足迹。测量单足迹，要选择轮廓清晰明显的足迹，量其最大长度和宽度，对于食肉类动物还要量其掌垫（踵）的宽

度，而对有蹄类动物，如悬蹄印迹明显，测量时则应包括在内（图6-2,13-3）。测量足迹组，宽度即左右单足迹之间的最大距离，长度为前后足迹的最大距离，测量时只量一侧即可，注意测量足迹的前缘（前缘轮廓较清楚，比量后缘精确）（图6-4），但在食肉兽类，掌垫的印迹比较清楚时，也可以依据掌垫的后缘测量（图6-2）。测量时，如果足迹模糊或数据差异太大，就要多量几处，以取得较正确的数据。所测数据，均及时记录在野外记录本上，最好绘描一简单足迹图，并记录其简要特点。最后，根据观察测量的结果，鉴别动物的种类、性别和估计其走过的时间。

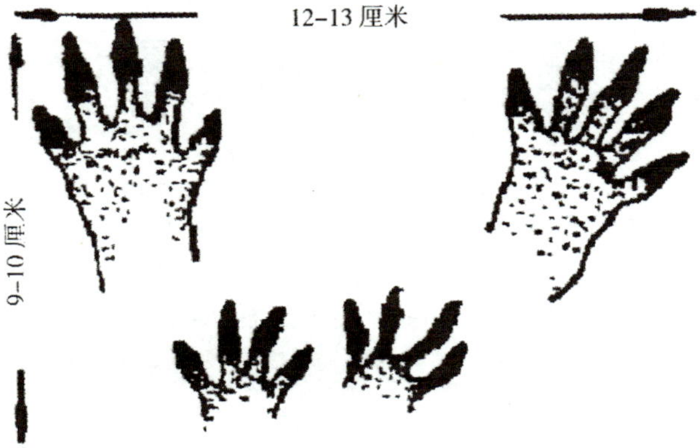

图 6-4 松鼠足迹组的测量方法

1.2.3 足迹的鉴别

鉴别足迹，掌握和了解影响兽类足迹成像的因素，是十分必要的。在自然条件下，兽类足迹的特点，受许多因素的影响，无论是足迹成像基质特点、天气条件变化，或者动物的性别、年龄差异和其行动的特点，都会使同一种动物的足迹具有很大的差别。当然，直接影响足迹成像的决定性因素，是兽类的足趾类型，包括其着地类型、着地趾数、肉垫和爪的特点等。陆生兽类足趾的着地类型大致分为3种（图6-5）：蹠行型——整个脚掌（包括踵、蹠、趾）着地行走，例如熊；趾行型——只用足趾着地行走，例如狼；蹄行型——只用趾端的蹄着地行走，例如鹿。兽类典型的足皆具5趾，但因种类不同，而有很大变化。指趾数的多少，常成为科间、有时是属间鉴别的重要特征。兽类的指趾数，通常用指趾式来表达，例如鹿科动物的指趾式为(2)3—4(5)：(2)3—4(5)，这就是说，第一指（趾）已退化不见，第

二、五指(趾)不发达,成为悬蹄,通常不着地,只有第三、四指(趾)的蹄着地行走(表 6-1)。脚掌面或指趾面的肉垫形状、数目以及爪的特点,也具有鉴别意义。例如,猫科动物的爪能伸缩,足迹上通常不见爪印,而犬科动物的爪不能伸缩,足迹上爪印明显,虽然都是四趾型足迹,但仅此一点即可准确的将两科兽类的足迹区分开来。可见,在野外实习中鉴别兽类的足迹时,应该注意足迹的下列特点:

(1)单足迹的类型、大小和形状;

(2)指趾数,前后足的差别;

(3)掌脚垫和指趾印的大小、形状;

(4)有无爪印,爪印的长度,前后足的差异;

(5)足迹组的特点,大小、形状,步行、奔跑、跳跃时各单足迹的排列位置:

(6)足迹链的特点,呈单珠状链还是双珠状链。

此外,卧迹、粪便、尿斑、食物残迹(各种啮齿动物啮食坚果或核果的方式不同,也有识别意义)等特点也应注意观察。

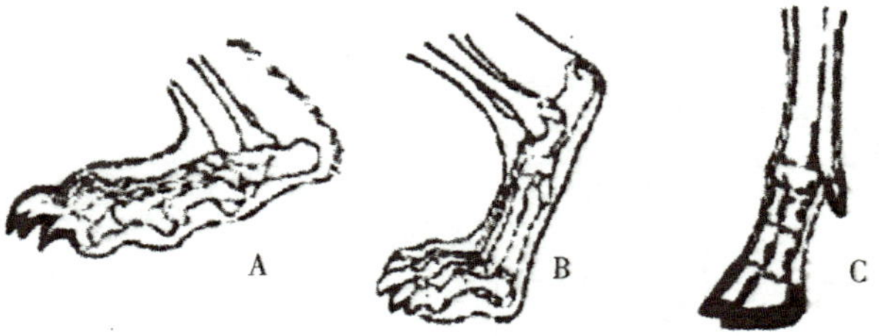

A.蹠行型(熊);B.趾行型(狼);C.蹄行型(鹿)

图 6-5 兽类足迹着地类型

清晰的泥地足迹,可以小心地挖取、晒干,制成标本,也可用石膏灌制成足迹模型保存;沙地足迹则需要先灌注木工水胶,再挖制成标本保存。良好的足迹标本,既是该种动物标本的组成部分,也是重要的研究资料。

表 6–1　部分目科兽类足趾着地类型和着地趾数

类型	指趾式（前足：后足）	着地趾数（前足：后足）	着地类型	种类举例
食虫目 Insectivora				
鼹科 Talpidae	1–5：1–5	5：5	蹠行型	缺齿鼹
食肉目 Carnivora				
犬科 Canidae	(1)2–5：2–5	4：4	趾行型	狼、狐
熊科 Ursidae	1–5：1–5	5：5	蹠行型	黑熊
鼬科 Mustelidae	1–5：1–5	5：5	趾行型或	黄鼬、鼬獾
			半蹠行型	
猫科 Felidae	(1)2–5：2–5	4：4	趾行型	豹、云豹
兔形目 Lagomorpha				
鼠兔科 Ochotonidae	1–5：2–5	5：4	蹠行型	鼠兔
兔科 Leporidae	1–5：2–5	5：4	蹠行型	东北兔、华南兔
啮齿目 Rodentia				
松鼠科 Sciuridae	(1)2–5：1–5	4：5	蹠行型	松鼠、旱獭
鼯鼠科 Petauristidae	(1)2–5：2–5	4：4	蹠行型	小飞鼠
田鼠亚科 Macrotinae	(1)2–5：1–5	4：5	蹠行型	黑腹绒鼠
偶蹄目 Artiodactyla				
猪科 Suidae	(2)3–4(5)	2：2	蹄行型	野猪
	：(2)3–4(5)			
鹿科 Cervidae	(2)3–4(5)	2：2	蹄行型	马鹿、小麂
	：(2)3–4(5)			
牛科 Bovidae	(2)3–4(5)	2：2	蹄行型	青羊、鬣羚
	：(2)3–4(5)			

1.3 兽类的洞和巢

许多兽类的个体或家族，至少在其生活的某个时期有一个“家”，“家”包括住所以及其他有关的跑道、储仓、食台、便所等。兽类的住所，至少有 3 种类型：穴，即利用现成物体作为基底，挖掘成构造简单的露天住所；洞，利用现成物体作为基底（土地、岩洞、树干、建筑物等），挖掘成结构比较复杂而不外露的住所；巢，利用树枝、干草、兽毛和其他物品由兽类自己筑成的住所，也有在洞内筑巢居住的。有些种类营群栖生活，它们的住所由一种或多种类型组成，或由多个洞或巢组成复杂的洞系或巢组；有些种类一生中没有固定的住所，它们睡眠、休息、生育的地方只是临时选择一个较适宜的处所。这些都是兽类种的生物学特征之一，因此，每一种兽类的住所都有自己特有的特点。

在对兽类洞或巢的观察时，首先要详细记述洞巢所在的地形、方位、土质、植被类型，然后找到所有的洞口，再进行挖掘观察，挖掘时要边挖边测量，测量洞道的粗细、分枝及距地面深度等；为了不致在转弯或分枝处迷失洞道，可用树枝插以标记，待找到所有的洞道、洞内的仓窝后，一一按自然位置标绘在平面图上。

2 哺乳类野外采集和测量

2.1 哺乳类野外采集

2.1.1 哺乳类野外采集

在实习时，由于种类识别、标本制作、数量统计以及其他内容的调查和实习的需要，往往要求对兽类进行野外采集。在野外采集时要特别注意对动物资源的保护，不得随意捕捉和采集国家一、二级保护动物和省级保护动物，只能对一些常见种和有害种（如鼠类）进行适当数量的采集。采集方法一般用猎枪进行猎捕或各类笼、铗诱捕，也可使用下面几种常用的采集方法：

2.1.1.1 套子

用设置活套的方法，可以捕到多种兽类，较小的如兔、旱獭、獾，大者如麏等。套子是用钢丝或马尾等做成的活套，置于猎捕动物常经过的路上。套子另一端固定在树桩上。活套直径大小，放置位置及离地高度，视猎捕对象而定，如捕野兔，活套大小约 12cm，离地 10~15cm 高即可。当动物经过时，即可套住。

2.1.1.2 网捕

此法适用于捕捉鼬、貂、兔、猴等动物。用网将洞口围住，然后向洞内熏烟，当动物窜出洞外，误入网兜即被捕。另一方法是用大网，一端置于地上,一端用活动竹竿撑起,数人哄赶动物,迫使它往置网方向逃窜,结果,投网竿倒,被网紧紧裹住就擒。

压板：将石板倾斜支起，而将支起的支持物联系于设有诱饵的小棍上,当动物吃诱饵时触动契机,石板落下将动物压死。适用于鼠类和小型食肉类动物。

2.1.1.3 水灌

在野外发现有鼠洞,并判定洞内有鼠时,用水灌法效果较好。灌水前必需注意周围洞口,除置网的洞口外,其余均应堵塞,因为往往数个洞道相通,鼠类容易逃逸。灌时要快,以防鼠在洞中堵道。

采集到标本以后,先收集体外寄生虫,然后整形,进行外部形态的测量和标本制作。

2.2 哺乳类身体测量

兽类外部形态的量度、头骨的量度是分类的重要依据,现分述如下。

2.2.1 外形测量(图 6–6)

①体重:整个兽体的称重,小型以克为单位,大型的可用千克。

②体长:自吻端到肛门或尾基的长度,以毫米为单位,下同。

③体全长:从吻端到尾鳍后缘缺刻间的长度。适用于鲸目等海兽。

④尾长:自肛门到尾尖的长度,尾端毛长不计入。

⑤耳长:从耳壳下方缺口至耳壳顶端,不包括耳尖毛长。

⑥后足长:从后跟到最长趾的趾端,不包括爪长。有蹄类则到蹄尖。

⑦肩高:肩部背中线到前肢指末端,蹄在内。

⑧臀高:臀部背中线到后肢趾末端,蹄在内。

⑨胸围:前肢后方胸部的最大周长。

2.2.2 头骨结构和测量

兽类头骨结构各类群有一定差异,基本组成如下所述。

脑颅顶部自前至后由成对的鼻骨、额骨和顶骨组成,后面有一块顶间骨。脑颅侧壁为鳞骨,鳞骨向前形成颧突,与颧骨相接,再向前又与上颌骨的颧突相连。形成了兽类所特有的颧弓。脑颅后部为枕骨,其上有枕骨大孔,枕孔两侧有两个枕髁,与颈椎相关节。

脑颅底部有基蝶骨和前蝶骨，两侧为包围听觉器官的鼓骨。颅底前方是成对的腭骨（口盖骨）和翼骨。眼眶的间隔由翼蝶骨和眶蝶骨组成薄壁，眼眶前上方有一对泪骨。

上颌由前颌骨和上颌骨组成，前颌骨上长有门齿，上颌骨着生犬齿、前臼齿和臼齿。下颌由一对齿骨组成，下颌的牙齿就长在齿骨上。

头骨主要测量以下几项（图 6–7、6–8、6–9），为了准确起见，最好使用游标卡尺。

①颅全长：自头骨前端最突出处到头骨后部最突出处的直线距离。

②颅基长：从前颌骨前端（上门齿前缘）到枕髁后缘。

③鼻骨长：鼻骨的最大长度。

④腭长：从上门齿中间齿槽后缘至腭部后缘（不包括棘突）的最短距离。

⑤颧宽：左右额弓外缘的最大宽度。

⑥眶间宽：眼眶间的最小宽度。

⑦后头宽：头骨后部（脑颅部分）的最大宽度。

⑧听泡长：听泡的最大长度。

⑨上齿列长：自门齿前端到臼齿后缘的最大长度。犬齿缺者，则从前臼齿前缘开始。如系翼手类，则起自犬齿前。

⑩上颊齿长：上颌颊齿（前臼齿和臼齿）的最大长度。

⑪齿隙：门齿后缘至颊齿前缘之间的长度。

⑫下齿列长：参照上齿列长。

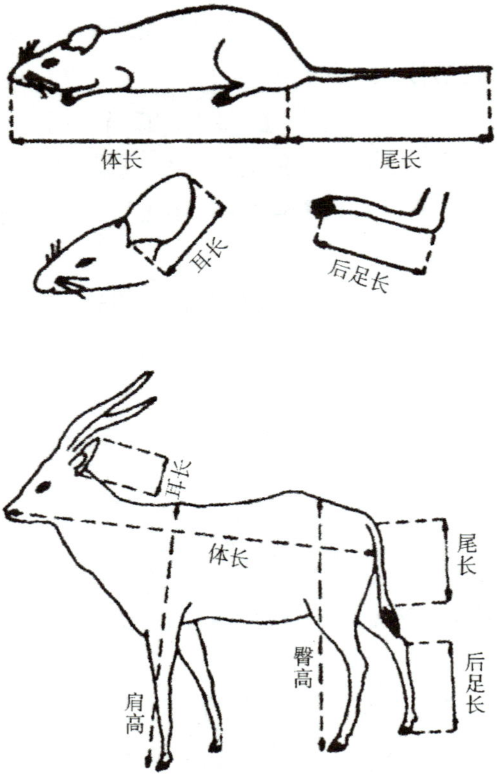

图 6-6 哺乳类外形测量

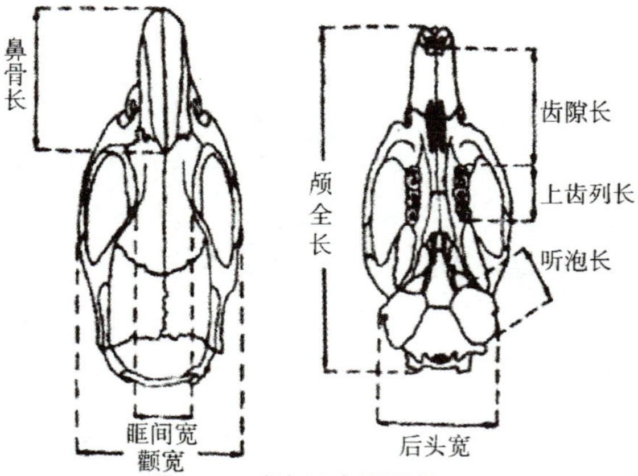

图 6-7 啮齿目头骨测量

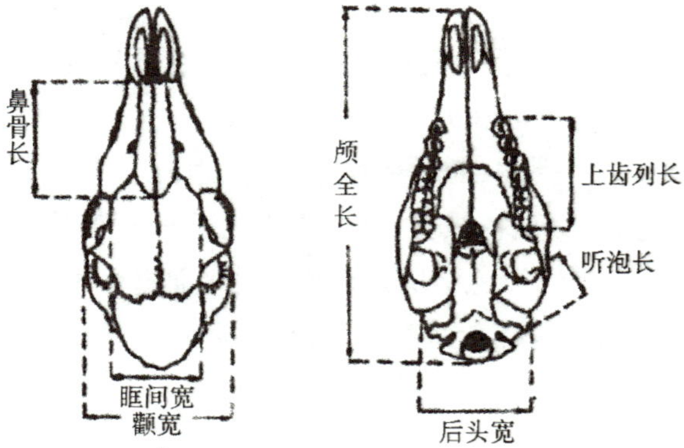

图 6–8　偶蹄目头骨测量

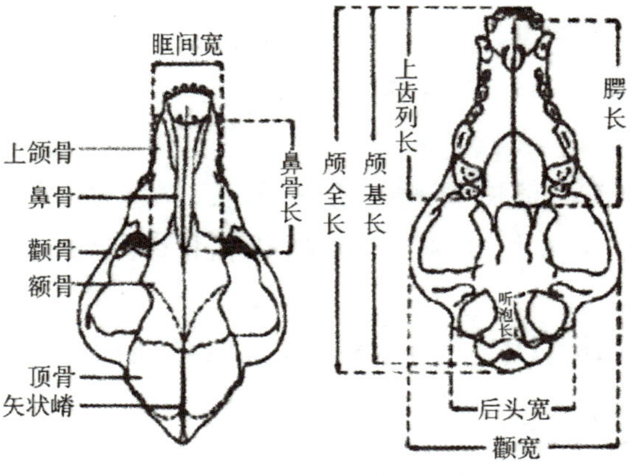

图 6–9　食肉目头骨测量

3　哺乳类标本制作

哺乳动物的体型大小差异很大，大的如虎、豹、鹿类，直至大象和鲸类，小的如啮齿类、蝙蝠等，且形状各异，在标本制作方法与难度上有一些不同，但基本原理在很多地方又相一致，为避免重复，以小型兽类为代表进行叙述，差异较大之处，再作补充。

3.1　材料的选择和处理

动物必须新鲜，力求毛皮完整，尤其头部、四肢等毛皮，应没有变质、脱毛等现象。一般在春、夏两季，材料容易变质，变质后，面颊和腹部就会脱毛，影响标本质量和保存价值。对名贵、稀有且具有研究价值的种类在采用局部防腐和修补处理后，力求制成标本。小型动物，可用浸泡保存。

凡材料上沾有污泥、粪便或血迹的，先用清水洗涤干净，后用滑石粉涂撒于毛皮上，片刻后待吸去水份，再用刷子刷去滑石粉（如用石膏粉代替，则不宜等待过久，以免结块），直到皮毛干而蓬松为止。

口、鼻、肛门处用棉花堵塞，如有伤口则撒上滑石粉，或用棉花堵塞，以防止血液和污物流出，沾污毛皮。

3.2 测量和记录

剥制标本前必须做好测量和记录，使每件标本都附有完整的文字记录，制成卡片，以提供科学研究和分类上的依据。这样的标本，科学价值就高。一般应测量、记录以下一些内容：

外形测量：体重、体长、尾长、后足长、耳长、肩高、臀高、胸围、腰围等。某些体形特殊种类，如蝙蝠、鲸、海豹、海牛等，根据需要，须对一些特殊部位进行测量。

记录：性别、体色、体毛分布、虹彩、采集地点、日期、栖息环境等。

3.3 动物毛皮的剥离

工具：解剖刀、剪刀、镊子、骨剪等。

材料：脱脂棉、滑石粉。

步骤：将兽体仰卧于桌上，右手持解剖刀，沿腹中线将腹毛分向两侧，然后在体中央自胸部至肛门前端切开皮肤，切勿切破腹肌及腹膜，一旦划破，立即用棉花或滑石粉堵塞，以防内脏、血液外流，沾污毛皮。接着用手指将腹部皮肤提起，用镊子或解剖刀小心地把皮肤与肌肉间的结缔组织边划断边剥离。渐渐剥至腹部两侧、背部和后肢时，再用手握住股骨，推出大腿，将腿周围皮肤和肌肉剥离，并在膝关节处剪断，留下胫腓骨。用同样方法剥离并剪断另一只后肢。再把生殖器、直肠与皮肤连接处剪断，清理尾基部周围的结缔组织，然后用左手提起尾椎骨，用右手拇指、食指的指甲紧扣尾椎，徐徐抽出尾椎骨，也可一手持镊子紧夹尾椎，另一手拉住尾根基部，将其从尾中抽出。在抽尾椎骨时切勿用力过猛，以防拉断尾部。

继而将已剥离的毛皮向背部翻转，并用解剖刀顺次由腰部、背部向前剥离，至前肢肩胛骨露出后，在肘关节处切断，留下桡尺骨。用同样方法剥离另一只前肢。再由颈剥至头部。在头两侧有一对耳道，耳道基部呈管状，连接头骨的耳泡，用解剖刀紧贴头骨，将耳道割断。耳前面是一对眼睛，剥离眼时务必细致谨慎，先用解剖刀，沿着眼睑边缘细心地剖割一周，再沿眼眶壁插入眼球背后，割断眼肌，用镊子将眼球挑出。在进行这步手术时，切勿割破眼睑和眼球，以免眼球内液流出沾污毛皮，而且眼睑割破后，又影响标本的美观。两眼剥好后继续剥离上下唇。在剥离吻部时，鼻尖端应从鼻软骨处切断，否则常会损坏鼻垫或鼻软骨。

制作标本时，对头骨可作保留或取出两种处理。保留头骨，即把头骨按原形制作在标本中，其优点是头部形态比较容易造型，尤能表示口腔张开的动态姿势，增强标本的真实感，在制作时保留头骨前端上下嘴唇皮之间部分皮肤，使毛皮与头骨不脱离。在枕孔与颈椎之间用剪截断，取出身躯。除去头骨上舌头，消除附在头骨上的肌肉，挖去脑。另一种取出头骨方法是把头骨完整的取出，经处理（去肌肉，脱脂、漂白等）后，进行编号，记录保存以供分类鉴定用。也可将头骨扎在标本的后肢上。头骨取出后，在标本装填时还须用木棍、石膏、塑料等雕塑成头骨模型代替之。

头部剥完后，分别剥离四肢，先从后肢的胫部慢慢向下剥，至胫腓骨的末端，除去附在骨上的肌肉和肌腱。用同样方法剥离前肢，除去肌肉、肌腱。

小型动物或耳朵较小的动物，一般不必剥去软骨。耳朵大的种类，如兔等必须将软骨剥掉，否则在干燥过程中，软骨发生收缩变形，影响美观。

最后清理剥下的毛皮，除去附在毛皮内侧的脂肪、皮下肌，剥离过程方告结束。

3.4 防腐和防腐剂

防腐是保存标本的关键。如果防腐不善，标本会发生霉烂、虫蛀和脱毛，切不可大意。

①防腐剂的配制

亚砷酸酐防腐剂：亚砷酸酐（三氧化二砷 As_2O_3）20%、明矾粉（硫酸铝

钾 $K_2SO_4 \cdot Al_2(SO_3) \cdot 24H_2O$)70%、樟脑($C_{10}H_{16}O$)10%。配制时将药物混合，充分调匀即成。亚砷酸酐用量可在 20~60%内变化，视材料情况而定，一般春、夏季用量可适当增加，冬天适当减少。材料不新鲜用量加重，反之则减少。

硼酸防腐粉：硼酸(H_3BO_3)50%、明矾粉 30%、樟脑 20%。配制时将药物调匀即可。亚砷酸酐属剧毒药品，必须经一定审批手续才能买到，所以用硼酸防腐粉代替之。硼酸防腐粉也有驱虫、防腐和保护毛皮作用，虽防腐作用比亚砷酸防腐粉差些，但此药无毒，携带方便，容易购买，因此也广为应用。

亚砷酸酐防腐膏(砒霜膏)：亚砷酸酐 50%、樟脑 10%、肥皂 40%、水适量。配制方法：将肥皂切成薄片，放入烧杯，加适量清水(一块普通肥皂约加 500 ml 水)，浸泡至软，再置于水浴锅中，隔水加热到肥皂充分溶化，加入亚砷酸酐和樟脑，用玻棒搅拌均匀，以免亚砷酸酐沉淀，待冷却后凝成糊状，即可使用。如在使用时太稠，可适量加入温水或甘油调稀。亚砷酸酐膏不会随风飞扬，对操作人员保健有利，尤其在夏天制作小型兽类时毛皮容易变干的情况下，更宜用砒霜膏。

石炭酸酒精饱和液：有较好的防腐消毒功能，常用来涂在已剥好毛皮的动物头骨和前、后肢骨以及指、趾上，防止残留肌肉的腐烂，有驱虫、杀菌作用。

②防腐处理

将已剥好的毛皮，直接用配制好的防腐剂涂擦其内侧，涂擦时必须均匀、周到，尤其头部各器官、四肢的趾端和尾部，涂好后充分揉擦，稍等片刻，待药物透入皮张。

凡大型兽类，则先在毛皮内涂擦明矾粉，然后充分揉擦，使皮张内水分透出后，再涂防腐剂。

留在标本内的骨头，包括头骨、前肢的桡尺骨、指骨，后肢的胫腓骨、趾骨，先涂上石炭酸酒精饱和液，再涂防腐剂防腐。

3.5 兽类标本填装法

材料：铅丝(其粗细规格视安装时标本大小而定)，填充物(棉花、竹丝、棕绒等，但必须有弹性），标本台板、义眼、石膏粉、针、线，油灰等。

工具；剪，镊子，钢丝钳，电钻，锤子，螺旋刀等。

步骤：哺乳动物的毛皮，经上述防腐处理后，就可进行填装，制作成标本。

根据制成后的形态，标本分为 3 种类型：即姿态标本、研究标本和局部标本。

①姿态标本填装法

所谓“姿态”标本，即在经过制作后，能够表现出它在生活时的某种自然姿态，如觅食、跳跃、静立观望、格斗、奔跑等，这种标本主要供陈列展览使用，故又称“陈列”标本或称“真剥制”标本。

由于哺乳动物的大小及重量相差很大，在填装时又根据不同情况，采用不同方法。常用方法有 3 种。a.填充法：用棉花或其他填充物在制作不同部位时随时填充，以代替剥离的肌肉，同时纠正不同部位的胖瘦与肌肉显示情况。b.捆扎法：即把支架和填充物先捆扎成略似哺乳动物的假体，再装入体内。c.躯架法：即根据哺乳动物体形，用木板、木条先制作成中空的躯架，周围敷上一层填充物，使其形状、大小略似原来的躯体，再装在体内，这种方法适用于大型的动物，它可以支撑和承受一定重量。3 种方法中以填充法最为普遍，姿态容易掌握，而效果又较好，一般也适合中、小型兽类，现将填充法介绍如下。

支架安装：先装头部，将躯体仰卧伸直，量取头至腹部两倍长度的铅丝一根（铅丝粗细根据动物体大小而定）于中点处折转，使其呈叉状，在折转处顶端嵌入少许棉花，然后将两头分别从两鼻孔中向后插入，由枕孔中穿出（若用假头骨的标本，则用铅丝固定在假头骨上）用老虎钳夹紧，顺绞数圈，使头骨固定在铅丝中，再用填充物充塞颅腔，头骨后端的铅丝也用棉花缠绕，使与原来头颈粗细相似。眼眶中各用棉花团充塞，代替已剥去的眼球，随即把头部翻出，这时头部支架的填装已基本完成。

躯体支架安装：量取比前肢到后肢长 1/3 的铅丝两根，两端用挫刀挫尖，然后取一根铅丝，一端沿后肢内侧插入，由脚底穿出，另一端插入前肢，也由脚底穿出，并在肢骨和铅丝周围缠绕棉花或竹丝，使与原来肢体同样大小。用同样方法将另一根铅丝安装与固定在另两只肢骨。

尾部安装：量取兽体至尾尖长度的铅丝一根，其一端用棉花缠绕成略似原来尾椎的形状，再从尾部插入即可（尾巴长的动物，铅丝外面擦一些滑石粉，就比较容易插入）。最后在胸腔部中央，把头部、四肢和尾所用的5根铅丝，用绳或铅丝扎紧，使成一体，这样，支架便安装结束。

填装：用镊子在支架背面的前后适当地加上填充物，再由后头，颈和胸及下颌处依次进行填充，填充物应成片状或长条形，力求均匀，饱满。填充前肢和后肢时，左右大小力求对称。关节处匀称，曲度突出，并要显示肌肉曲线。最后填充尾部和胸腹部。然后进行缝合，在缝合时采取边缝边填，凡不够饱满和均匀的部位适当补充纠正，竭力争取标本与原来躯体的大小基本相同，外形相似。

制作较大型的动物标本，如虎、豹、山羊、梅花鹿、野猪等，因体型大、体重大，需要用支撑力较大的支架，来承受标本的重量。首先用一块长方形木板做体轴，大小比原体躯短一些，也可用3cm厚、20cm宽、比体躯短些木板代替。然后把头部、四肢和尾的铅丝固定在体轴的木板上。固定时先把头骨按上面方法用铅丝固定好，即铅丝由头后枕孔伸向颈后，这时可把铅丝的后端弯曲成钩状，用骑马钉由铅丝钓状的两侧牢固地铆在木板上，同样地把伸入尾部的铅丝固定在木板的另一端。必须注意，固定前需根据设计标本的姿态，确定头部、颈项和尾部的长度。因为一旦固定好后，其长度就无法改变。再把穿入四肢的铅丝，用同样方法固定在胸、腹部位置上。每段铅丝必须有2—3个固定点，避免松动。这时，支架安装完毕，即可进行填充，方法基本上和前面介绍相同。

标本的整形：把已装填好的标本，整理成适合它在生活时的某一种姿态，并把毛发理整齐，称为整形。

整形工作在标本制作过程中是极为重要的一环，需要耐心细致地琢磨，尤其面容的形态和表情。因此制作者在剥制前，需要仔细地观察。了解动物形态特征和习性，并可翻阅某些较好的图谱，作为整形的参考。根据动物生活时某一姿态如觅食、行走、奔跑、跳跃、攀爬和静立观望等，选择一种，作整形时的依据。

步骤：首先初步将标本整理成某种姿态，并检查各部位填充物是否均匀平整，四肢和关节是否对称。如果发现凹凸不平或不够丰满等，可用手稍加揿、捏，及时地加以补充和矫正。

安装台板：根据标本的大小，选取适合的木板作台板，先在台板上量取与四肢掌心相应的位置，用电钻钻四个孔，孔的直径略大于支架铅丝直径，然后将由四肢通出的铅丝插入孔中，在台板腹面弯曲成“乙”字形，使固定在标本板的底面。如果是营树栖生活的种类，如猿、猴、松鼠等动物，最好安装在附有树枝的台板上。

然后适当调整标本的姿态，整形面容的形态和表情。

小型兽类比较简单，先用镊子将眼眶整圆，并将眼眶中的填充物压实，填入少许油泥，安装一对与原来眼球颜色相同、大小相等的义眼（义眼虹彩需预先着色，干燥后即可用），嵌入眼眶中，用镊子挑拨，使眼眶瞬膜遮住义眼边缘。接着整理面容表情，用手稍加揿、捏，力求面容与原来形状相似。边整理，边检查，细致琢磨，直至各部位的形态基本相似后，整形工作才告结束。

中、大型兽类整形比较复杂，由于这类动物嘴唇比较厚，在剥离时已将头骨取下，或装上假头，在装填时用绳把上、下颌的毛皮连同头骨扎牢。这时则应将绳解下，上、下唇翻开，在两唇内侧中间、鼻端、面颊、眼眶周围和上下颌等处，填入适量的油泥（多少根据原来肌肉丰满情况而定），再将两唇翻转复原，借助油泥的粘性和可塑性，在毛皮上用手指揿、捏，把标本的面容形象塑成生活时的形状，并使皮毛紧密地附在油泥上。这时上下唇之间即可用针线缝合，也可用小钉钉入上下唇的边缘，以防干燥变形。这时应当耐心细致地琢磨其面容表情，如有不妥之处，应及时加以矫正，力求使标本保持本来面目。然后将义眼嵌入眼眶中。

大型食肉兽类，如虎、豹等的面容形象凶猛，义眼嵌入时应深深陷入眼窝。为了突出表现猛兽的形象，往往将标本的口腔张开。因此还需安装假舌。假舌可用木头雕刻，或用石膏、纸浆塑成原来舌形状，并涂上颜色。耳朵在标本干燥过程中，极易收缩变形，一般需用两片马粪纸，剪成大致与耳朵相似的形状，夹在耳朵的内外侧，并用回形针夹紧。

整形结束，即可将标本置于通风处晾干，切忌在阳光下曝晒。待标本干燥后，某些有颜色部位，如角、蹄、爪等处用颜色和清漆涂于表面，保持它原有光泽和颜色，使形象逼真。

②研究标本填装法

此类亦称假剥制标本。毛皮经防腐后,用一根与体长相仿的细竹签,根据动物头部的大小,一端缠以棉花,伸入头部,另取一根竹签轻轻插入尾巴内,使尾巴保持挺直。颈、胸、腹根据动物体大小填入棉花,四肢骨骼上缠以少许棉花。然后缝合切口即可。

整形:头部将眼眶整理成圆形,将前肢向前伸直,后肢向后伸直,掌心朝下,然后用大头针将四足固定在木板上,待干燥后即可取下。

头骨需剔除肌肉,经漂白晾干后用线扎于标本后足。

大型兽类一般保留皮张即可,也就是剥离的毛皮,经过防腐处理后,在体内塞一些稻草,挂在通风处晾干,然后再把稻草取出。也有将毛皮进行鞣制,保存裘皮。但前者保留头部、四肢等,如果需要尚能复制成标本,而后者往往四肢、趾爪残缺不能复原,因此一般标本制作者都不采用。

③浸制标本的制作

小型哺乳动物,如啮齿类、翼手类和其他兽类的胎儿或幼体等经常采用此法以保存标本,其优点有:

能保持原有形态特征。很多动物制成的剥制标本,由于毛皮干燥后收缩,一些头部皮肤的皱褶、耳朵形态及其附属结构,以及四肢的肉垫也随之消失或变形,对分类鉴定和研究工作带来一定困难,而浸制标本能保持原有特征。

可作为内部解剖分析研究材料。而剥制标本却不可能。

减轻野外采集时的工作量。在野外采集时,若捕获量很大,一时难以制成剥制标本。用浸制方法,则简单省时。

浸制标本在一旦需要时,仍可恢复制成剥制标本。兽类幼体、胎儿有时无法剥制,只能采用浸制法。

经常采用的药液浸制标本有两种:

酒精液浸制标本 用80~95%工业用酒精为浸制药液。在浸泡前将动物腹部切开,肢体舒展,直接浸泡在药液中,如经一周后发现有臭味,或药液变浊,更换一次新液即可保存。用酒精浸制标本,其优点是,标本不会变形,能保持动物原有形态,也不会变硬,变脆。用清水漂洗,再用滑石粉去湿吸干后同样可制作成剥制标本。缺点是酒精价格高，而且保存久了，毛要褪色。

福尔马林液浸制标本 5~10%福尔马林溶液（即以市售40%甲醛溶液稀释10倍)为标本浸制液。先把动物杀死，用注射器向腹腔内注入适量浸制液，然后将标本放在解剖盘内，加上浸制液，以刚能淹没标本为宜，用镊子迅速将标本整理成所需的姿态，约12~24小时后，标本即定型，就可浸泡在溶液中长期保存。用福尔马林浸制标本优点是标本经处理后不会变形，缺点是标本变硬、质脆不能再复原。

上述标本制成后，必须系上标签，注明编号、种名、性别、形态量度、采集地和时间，以便研究时查阅。

④骨骼标本简易制作方法

骨骼标本制作，大致可分以下几个步骤：

剔肉。首先把骨骼上的肌肉剔除干净，剔除肌肉的方法很多，常用的有下面几种。

生剔法：用解剖刀、剪刀等利器，直接把附在骨骼上的肌肉剔刮掉。

煮沸法：把骨骼放在锅中煮沸，然后用刷子或解剖刀，把肌肉剔除掉。

发酵法：把骨骼放入水中，让自然发酵腐烂，或可埋入土中腐烂，再取出用清水冲洗干净。

腐蚀法：浸泡在2~5%氢氧化钠或氢氧化钾溶液中，待肌肉经腐蚀后至透明状，然后用解剖刀把肌肉刮干净。

以上任取一种即可，但在剔除肌肉时应注意各骨片的位置，以便装架复位时保持正确的部位，同时切勿损伤骨片。

脱脂和漂白。骨骼中含有一定量脂肪，尤其大型兽类的长骨中，含脂肪量更多，如不除掉，日久后，标本就会变黄，影响美观。其步骤为，大型兽类在肱骨、桡尺骨、股骨、胫腓骨上钻洞，把骨髓用水冲洗，然后浸泡在脱脂剂中。常用脱脂剂有苯、汽油等。也可用2~5%氢氧化钠或氢氧化钾，浸泡1~2天。脱脂以后就可进行漂白，常用漂白剂有漂白粉、双氧水、氨水等、也可用日光曝晒进行漂白。

装架。先把骨骼按原来位置串联起来，根据动物站或坐的姿势，安装在有支架的台板上，贴上标签。

3.6 标本的保存

标本是科学研究的重要资料,必须有专门的标本室加以妥善管理。标本室应干燥、通风、防灰尘、防潮湿。室内可安装吸湿机和通风装置,每件标本有标签,有卡片,以便随时可查用。

标本应根据分类系统存放在标本柜内,避免阳光直接照射,防止毛皮褪色。柜内经常放有樟脑丸或樟脑精进行驱虫,如发现虫蛀,应立即用杀虫剂或蒸薰进行杀虫,以防蔓延。也可经常用杀虫剂进行防治。

浸制标本也要避免阳光直射,且不宜放置在温度高的地方,防止保存液蒸发和玻璃瓶自行炸裂。如果发现保存液减少,就应立即加添。

4 哺乳类野外调查方法

4.1 兽类数量的调查

兽类的数量,通常用种群密度来表示,种群密度是指单位面积(或体积)空间中的生物个体数量。有时候,也可以用生物的重量来代替个体的数量。种群密度是一个变量。在适宜的环境条件下密度较高,反之则低。随着一年的四季变动,种群密度也会发生变化。因此,在进行密度调查时应当有特定时间的概念。另外,不同分布区当中由于环境条件优劣的差别,种群密度也有所不同,因此密度调查时,还应当有空间概念,要注意了解、比较各地的具体环境条件。单位面积(或体积)特定生态环境中的生物个体数也称为生态密度,它反映了生物与环境的相互关系,是常用的密度指标。

根据密度调查方法的不同,密度可以分为绝对密度和相对密度。绝对密度是指单位面积(或体积)空间中的生物个体数量。相对密度则只是衡量生物数量多少的相对指标。相对密度可以用来比较哪一个种群大,哪一个种群小,或哪一个地方的生物多,哪一个地方的生物少。相对密度的生物数量虽不准确,但在难以对生物数量进行准确测定时,也是常用的密度指标。

由于兽类的栖息生境多种多样,活动范围也各不相同,而且它们行动迅速又机警隐蔽，所以人们至今尚未找到一种适用于所有兽类数量调查的统一方法。因此,在进行野外工作时,我们应该了解各种兽类数量调查方法的特点,适用性和局限性、优点和缺点,并根据研究目的和实际条件选用需要劳力较少、精确度较高的数量调查方法,或对某些方法加以改进。

兽类数量的调查可分为小型兽类调查和大型兽类调查两大类，现分别予以介绍。

4.1.1 小型兽类数量统计方法

小型啮齿类种类多、数量大,且与人类经济生活的关系密切,在野外工作中又经常遇见,因而也是野外实习中兽类部分的重点观察对象。目前习用的数量统计方法,有下列几种。

4.1.1.1 铗日法

铗日是指一个鼠铗放置一昼夜(或一夜)的捕鼠单位。在选定的样地上放置 100 个鼠铗,经过一昼夜叫做 100 铗日。通常即以 100 铗日作为统计单位,统计结果的整理可以是每 100 铗日的捕获数,即捕获率指标,也可以是 1 公顷(100m × 100m)面积上的捕获数,即密度指标。铗日法的工作程序是选择样地—检查鼠铗—准备诱饵—布铗—检鼠—整理统计结果。样地要具有代表性,便于统计结果的比较。食饵要新鲜、一致,常用的有花生米、鲜豆、松籽等,要因种而异,因地制宜。布铗的形式应历次一致,一般铗距 5m,行距 50m,50 铗为一行,排列成方形或长方形,便于计算面积。布铗数量依实际情况而定，每种生境至少放置 500 铗日才有代表意义。布铗时间多在傍晚或下午进行,两人 1 组,每组 100 铗,置铗时注意小生境,要便于鼠上铗。置铗处如遇草丛,可扎草结或插块白布条作为标记,便于次日寻铗检鼠;检鼠时要携带镊子、棉花、标签及白布袋,把鼠口及肛门塞上棉花,连同鼠铗放入白布袋中,1 袋 1 鼠,袋口要扎紧;对被盗食的和打翻的鼠铗,进行换饵重支,同一地方一般放置一昼夜。检鼠一般在早晨进行,或下午再增检一次。

使用铗日法应严格遵守以下几点:①食饵和布铗方式必须历次一致,不能中途更换,便于统计结果的比较分析;②如能判定失饵和翻铗是由鼠所致(如鼠铗上留有鼠毛),则应计入捕获数之内;③遇有大风、暴雨等异常天气,当天的捕获结果不计入正常统计数之内,其捕获数只作参考资料;④当地如为疫区,必须严格遵守防疫工作规定处理死鼠及其体外寄生虫,收回的鼠铗也需消毒,一般用来苏儿水浸半小时以清水冲洗晒干即可,工作结束时再全部处理一次。

铗日法的优点是不受地形和季节限制,方法简便易行,而且在短时间即可得到当地鼠类在不同生境中的数量分布资料,缺点是有些鼠类不上铗;外界食物丰富时捕获率常偏低。

4.1.1.2 洞口统计法

此法是计数一定面积上鼠类的洞口数,以统计鼠类的数量。野外工作的程序是:识别洞口—选定样地—确定系数—计算密度。

识别洞口。不同鼠类洞口的形状、大小各不相同,即使同一种鼠类的洞口也有栖居洞口、临时洞口和废弃洞口之别,应该结合置铗或挖洞捕鼠,认真观察调查区内各种鼠类洞口的特点及洞口周围的足迹、粪便、跑道等痕迹,做到能准确地根据洞口即可判定鼠种. 一般有鼠洞口多有新鲜浮土、洞壁光滑、无蛛丝、近旁有足迹或鼠粪等痕迹,废弃洞口则常生有苔草或附蛛丝,无新鲜浮土、足迹或粪便等痕迹。

选定样地。依据调查目的和当地环境特点,选定有代表性的样地,样地大小可 1/4、1/2 或 1 公顷皆可。样地形式也可酌情定为方形、圆形或条带形。方形样地常作为连续性生态调查使用,四周加以标记,统计其中洞口数;圆形样地常用于大面积鼠害普查,省力省时,作法是用一根测绳,一端固定于样地中心,另端一人手持拉直,标定起点后缓慢地按圆周前进,由 3~4 人等距分段,随测绳计数洞口数,如测绳长 28.2m,此样地面积为 1/4 公顷,如长度 40m 即为 1/2 公顷,余类推;条带形样地多用于生境变化较大的条件下进行统计,选定一条长 1km 或数公里的调查路线,调查宽度取每侧 2 或 4m(如洞口识别力允许也可再宽些),等距跨步前进(用计步器计步数,再折算成长度),统计调查路线上的洞口数。

确定系数。洞口系数是洞口数与鼠数的比值,因为一只鼠有时能占有数个洞口,而有时数只鼠又共用一个洞口。这种情况各种鼠各不相同,即使同种鼠在不同季节也有变化,故依据洞口统计鼠数时,必须当时查明洞口系数。办法是选择典型样地，将样地内的全部洞口堵塞，次日查看被打开的洞口(即有鼠洞或称为有效洞口)，置铗(至少 2 昼夜)或挖掘洞穴，全部捕光洞内的鼠类。样地内的总鼠数和总洞口数之比即洞口系数。

将洞口系数乘以单位面积洞口数，即得单位面积鼠只数。

$$洞口系数=\frac{样地内总鼠数}{样地内洞口数}$$

$$单位面积鼠只数 = 单位面积洞口数 \times 洞口系数$$

洞口统计法适于开阔地区大面积调查，统计结果接近鼠的绝对数量值。但此法在林区不适用，农田也有困难，取得准确的洞口系数，较费时费力。

4.1.1.3 标记重捕法

此法是在样地内用笼捕鼠，标记后原地释放，经一定时间再行捕捉，以捕到标记鼠的百分数来推测该样地内实有的鼠数。样地面积通常应大于 1 公顷，捕鼠笼编号后等距布放，笼距一般 15~20m，每天检查 2 次，将活捕的鼠进行标记，并在样地平面图上记录后，就地释放。标记的方法很多，依据研究目的和要求可简可繁，被采用过的有染色、剪毛、剪趾、耳标、尾标和腿环等。使用后面三法，需要事先做好有编号的铝签。剪趾标记法比较简便，也可编号。剪趾编号的方法是先将鼠的各趾指定为代表一定的数，以剪去的趾表示编号(图 6-10)，剪去不同足相应的两趾，即代表一个编号。注意在一只足上一般只剪去一趾，最多二趾，以免影响鼠的活动。剪趾前后都要在剪趾处消毒，将整个的趾齐跟剪掉，同时记录标记的鼠种、性别、体重、日期和笼号等。

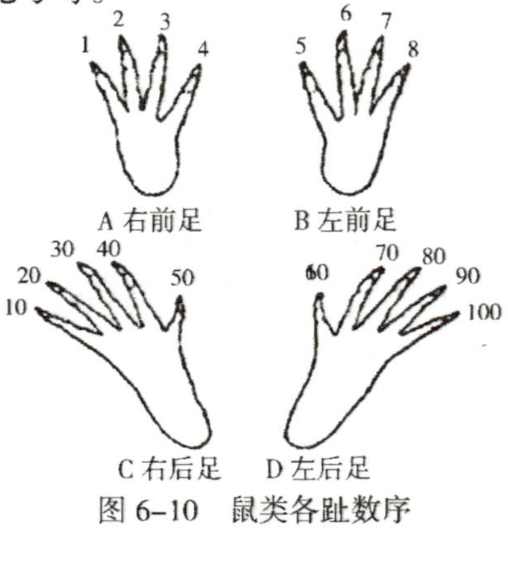

图 6-10 鼠类各趾数序

第二次重捕与标记释放的间隔时间,不宜过长。第二次重捕时,必然有一部分鼠是标记过的,而另一部分鼠是未经标记的,取其二者数目的比值,计算样地内整个种群的数量。计算方法如下式:

$$N=M\times n/m$$

式中:N 为样地内的鼠数量;M 为第一次捕获并标记的鼠数;n 为第二次重捕的总鼠数;m 为第二次重捕已标记的鼠数。

4.1.1.4 去除取样法

该方法常应用于小型哺乳动物。具体方法是在样方中按网格或线路放置同样数量的夹子,连续捕捉数夜,种群因捕捉而日益减少。用逐日捕获数对捕获积累数作图,通过点作一直线,该延伸到与横座标相交的点就代表种群的估计数。例如,第一天捕 6 只鼠,即 y1=6,第二天捕 4 只,y2=4;第三天捕 2 只,y3=2;相应地,第一天 x1、第二天 x2 和第三天的捕获积累数 x3 分别为 0,6,10;通过(0,6)(6,4)(10,2)可以作出一条直线或用回归方法配置出该直线。从图 6-11 中可以看出,当 y=0 时,x=18 就是种群数量的估计值。

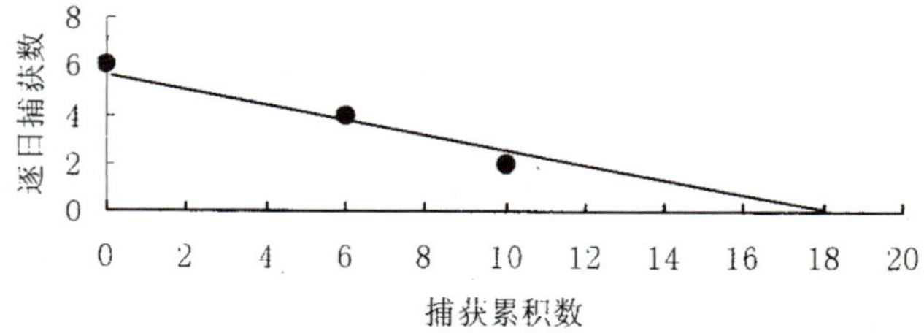

图 6-11 去除取样法调查鼠类数量

4.1.2 大型兽类数量统计方法

在自然条件下,尤其在大面积范围内,直接统计大型兽类的数量有很大困难。因此,在大多数情况下,都采取间接相对数量的统计方法。现介绍几种常用的统计方法,在野外实习时可依据当地的自然条件和统计对象酌情试用。

4.1.2.1 路线统计法

路线统计法是在大面积上进行大中型动物数量调查的最基本的方法。无论是调查前的预查,或者是样地内统计,都以路线调查为基础,而且此法很少受生境条件的限制。采用路线统计，可以直接计数一定长度路线上遇见的动物实体，也可以计数遇见的足迹，再依据实际调查获得的换算系数，推算动物的实体数。

进行路线统计时，首先要确定调查范围内的合理布线，了解需要调查的总面积、调查境内的自然和社会条件（如有公路、采伐点等），在了解基本情况的基础上设置几条贯穿各主要生境区的调查路线。路线的配置要均匀合理，不要以居民点为中心呈花瓣形，也要避免有过大的漏空。路线长度一般为 10km 左右，路线上如遇公路或居民点应当回避，各条调查路线均标绘在大比例尺的工作地图上；其次要了解调查对象的生态特点，如最频活动时间、一昼夜的活动范围、能否上树、结群情况等，如果是调查足迹，则应掌握足迹鉴别技术，如识别足迹新鲜度及雌雄成幼足迹的差别等。依据统计对象的特点，安排最佳时间，如统计动物实体则应在它活动的最频时间内进行，统计雪地足迹最好是有新雪的晴天上午。进行调查时，统计人员应携带路线草图、笔记本、望远镜、计步器、罗盘等用品。进入调查路线后必须按规定的路线前进，不要任意选择好路走，行进速度一般取每小时 3km，如系调查多种动物或景观复杂时，速度可适当减慢（或调查路线长度缩短），但尽量保持速度前后一致，不要时快时慢；行进距离以事先确定的明显地标物标识，如小河、公路、山顶等；调查统计的宽度应事先确定，通常以清晰可辨的距离为准，一般在林区每侧 20m 左右，开阔地区可放宽些，一旦决定不宜中途变更，以免加大统计误差；统计记录只记前方和两侧出现的动物，不回头记身后的，如记足迹，注意避免重记或漏记，如足迹杂乱难辨，可循踪追查一段，辨清动物只数后再记。每天的统计结束后，必须当天晚上整理笔记，将发现的动物只数和足迹数标在路线草图上，交由调查小组长汇总统计结果。通常，同一条路线应反复统计 2~3 次，取其平均数，方能更好地反映当地动物的数量状况。

根据调查路线的长度和路线两侧的调查距离，可以得出调查的面积，进而估算出单位面积的动物足迹数。

足迹路线统计所得的结果，只是一定路线上或一定面积上的足迹数，还不是调查面积上的动物只数。因此，应选择典型地段，应用样地哄赶法取得换算系数（即单位面积上足迹数与其动物只数之比值），才能推算出路线调查面积上共有多少只动物。

4.1.2.2 样方法

样方法的方法繁多,依调查对象、具体环境而有所不同。样方面积有大有小,样方形状也有方形、长方形、条带状或圆形等多种类型。但是各种样方法的原理却都是相同的。首先,把要调查的某一地区划分成若干样方;然后,为了保证抽取到的样方具有较好的代表性,随机地抽取一定数量的样方;接着,计数各样方当中的全部个体数或足迹数;最后,通过数理统计,利用所有样方的平均数,对总体数量进行估计。

实际上,路线统计法也是样方法的一种。因此,样方法所得的结果也需要用换算系数来推算。

4.1.2.3 活动小区统计法

某些大中型的食肉兽类,如虎、豹等,除发情期外皆单独生活,然而它们均有比较固定的活动小区。此种调查方法的要点是:依据社会访问调查提供的线索,找到动物经常活动的地区,再仔细地寻找足迹和其他痕迹,根据足迹掌垫的宽度和足迹新鲜程度判定动物的成幼和性别以及走过的时间,然后循迹跟踪。在跟踪过程中,注意观察动物行动的情况及遗留痕迹(如尿斑、粪便、捕食残迹以及食肉类跟踪有蹄类的足迹等),并一一标记在调查小区草图上。在整理全部资料时,如有小区交界重叠的,则应进行实地复查,判定取舍,最后将确定的活动小区逐一转绘在大比例尺(万分之一或五万分之一)地图上,并依据活动小区数确定该地区统计对象的数量。

4.1.2.4 样地哄赶法

此法为单位面积上动物绝对数量的统计方法,由于该方法花费人力较大,目前已不经常使用。但此法可做为求取换算系数(足迹调查)的一种方法。

哄赶法是在调查地区选择若干块样地,统计其中的动物实体数,从而推知整个地区的数量。在动物较多的地区,利用此法还可能见效,但要求的样地数是应该较多的(抽样总面积应达整个地区的 1/10)。如果仅用此法求取换算系数,样地数可不考虑抽样问题,一般在 4 至 10 个就可以求平均值代表换算系数了。

首先通过路线调查，选择适宜的样地，样地应是统计对象的典型栖息地，面积大小视统计对象的活动范围而定，中小型兽类取10公顷左右即可，对大型兽类样地面积应大些，可50公顷以上，样地应适于哄赶和观察动物逃逸情况。鉴于有些动物惊起后，并不逃向样地外，而是转圈绕回哄赶人员的后面，仍躲在样地内，故样地呈长方形较好，不要太宽。

哄赶调查过程可分三阶段：

哄赶前记数。在选好的样地上，找一调查起点，并设置明显的标志。然后将调查人员分成两组，在同一时间内分头沿样地边界行进，将所见的足迹记在事先准备好的表格内及样地略图上，然后将记好的足迹涂掉，两组在约好的地点会合。这一阶段的工作要求队员要保持高度的安静，涂抹足迹时的动作要轻，以防使动物从样地底边溜走。在山区哄赶时，样地底边可选在山坡底部，因为受惊的动物常常是向山脊奔逃的。此阶段的记录在求换算系数时是非常有用的，可作为换算中的足迹链数。

哄赶。二组会合后，简单做一小结，然后沿样地边散开，每人间隔的距离以能见到相邻的人为准（尽量离得远些），在同一时间一齐向前哄赶。哄赶时可利用呐喊，敲击树干等方式，一直赶到样地顶边，然后会合于起点。

计数。哄赶的同时，位于样地两边的人员要负责记录，主要是记录样地两边和顶边的逃出个体及新鲜足迹链数，直到两边记录员会合后，即可统计出样地内的动物实体数。此数据在计算换算系数时，可做为动物实体数。

依据以上所得数据，可以得到换算系数：

换算系数＝动物实体数/动物痕迹数

4.2 兽类食性的调查

兽类的食性，因划分的依据不同而有不同的类型。根据食性的特化程度，可以分为广食性和狭食性两类。狭食性兽类的食谱幅较小，如大熊猫主要食竹，穿山甲主要吃蚂蚁等；兽类中的大多数是广食性的，广食性兽类能够交替利用当地的各种食物，也是对环境的一种适应。而根据食物组成的特点，通常将兽类分为食植（物）型、食动（物）型和杂食型三种类型。

兽类食性的研究内容，应当包括它们的采食时间、采食行为、食物组成及其利用的部分、含量及储食习性、采食范围、食物基地以及整个食性的季节变化和地理变异等。由此可见,观察和研究兽类的食性,需要搜集大量的实际材料,并需要多方面的动物生态学和生物学知识。研究兽类食性主要采用下列方法。

4.2.1 野外直接观察

适用于一些白天活动的鼠类和有蹄类,直接观察它们采食的植物种类,或在冬季按照足迹跟踪,统计某种鹿类的采食情况,根据啃食程度定出等级。这样不仅能查明它们采食的植物种类,而且还可以定出哪些是主要食物,哪些是次要的,如果能结合弄清其采食时间、范围和不同月份的变化,并且每年都进行同一时期和地点的观察研究,则可取得该种动物极宝贵的资料。

4.2.2 胃食物分析法

此法多用于小型鼠类,逐月或按一定间隔时间捕杀一定数量的活鼠,剖胃检查,分析并记录其所食成份。胃食物如果尚未消化或未完全消化,则区分种类和计数均较易做到,如果食物已经胃液消化或多半消化,则鉴别比较困难,往往只能根据食糜的颜色、形状、气味进行推断,因而分析工作必须细致,并需要一定的经验,即使如此,也仅能分辨出以下几类:植物绿色部分;植物的非绿色部分,或能分辨出种子、花和根;无脊椎动物,如昆虫的几丁质外皮、头和附肢等;脊推动物,如鸟羽、兽毛等。结果可用出现频率即某种食物在 100 个胃含物中出现的次数作为指标,比较各种食物成份的重要性。鼠胃中的各种食物分别称重比较困难,一般采用容量或目测估计各种成分所占的比例,通常分为 5 级;I——偶见;Ⅱ——少量(10~20%);Ⅲ——中等(约 50%);IV——大量(50~75%);V——很多(75%以上)。

胃含物分析法,也适用于某些食肉类和有蹄类动物。许多食肉类动物吃食,往往是成块吞下,这有利于胃含物的鉴别分析,如在黄鼬、小灵猫、豹猫、獾等胃里,曾清楚地辨认出所吞下的鼠类、蛙类、头翅完整的昆虫和某些植物的坚果与种子。对鹿科动物来说,其胃含物虽多呈糊状,但经水洗处理后,还是能拣出一些半碎的叶片、种子以及一些小型的真菌(蕈类),也能进行鉴别分析。当然,大型动物的标本不易有目的、有计划地成批获得,此法有一定的局限性。

4.2.3 依据啃食痕迹、储存物、粪便等分析兽类食物成分

兽类的采食痕迹，只有在野外能直接观察到的情况下，才较易判定。平日如能注意鹿类下门齿的状况，对野外鉴别树干上的啃迹很有帮助。

在野外挖掘鼠洞时，常能获得某种鼠类的储存物，应及时将所储存物的种类、数量称量计数，记在野外记录本上。

粪便分析常用于大型动物食物的研究，因为大型动物不易也不能猎捕大量个体以胃含物分析法研究其食性。搜集粪便标本，要求在野外工作中认真细致地检查岩洞附近、林间小道上、树桩周围或大块岩石上有无兽类；发现粪便后应首先观察其外形、块数、新鲜度、周围的足迹及其他痕迹，以判定是何种动物的粪便，然后在卡片上标明日期、地点、生境、种名，用纸包好或放入事先做好的粪便收集袋内，带回实验室分析。粪便水解后，要仔细鉴别其中残剩可辨的植物碎片、骨骼、牙齿、毛、羽毛及昆虫残片等各类成份，一一鉴别登记。在整理材料时，一个粪便标本为一份材料，分别计算其中成分的数量。

将各类残剩的食物在解剖镜或显微镜下仔细观察其结构特点，并与事先准备的相关材料的标准切片进行对比分析，以确定其种类或类群。这部分工作有一定的难度，一是需要研究人员有良好的观察和对比分析能力以及所积累的经验；二是要根据调查对象的食性和栖息地选择的特点，广泛采集动物有可能在当地捕食和采食的食物种类，在不同季节收集不同部位的材料，制作永久性切片，并总结出相应的鉴别特征，以便与动物粪便样品进行对比分析，确定食物种类，如若鉴定到种比较困难，可鉴定到属或科。

4.2.4 笼养试验法

这种方法不仅可以提供兽类的采食活动、食物组成资料，而且还可以进行食量测定和喜食度的观察，故为研究者所广泛采用。当然，这是在人为控制的条件下进行的各种试验性观察。在进行摄食行为等项目研究时，要估计到它与自然界情况的差别。

研究某些鼠类的食性时，可将捕到的活鼠置入 1 m^3 无底的铁丝网笼内，并在距笼 4.5m 处设置挡板，人隐其后观察鼠类的采食情况，逐一填入记录本内。如利用自然条件进行实验，此法较接近自然状态，常为鼠类研

究者所采用。根据实验研究的目的和实际条件，施行的方法可以灵活掌握。对于有蹄类，在有条件的地方，可带着驯养的幼麂或幼鹿到野外去，观察其自由采食的情况，也能获得良好的结果。

4.3 兽类繁殖的调查

在哺乳类的实习中，观察兽类的繁殖习性和行为是很重要的内容之一。

通过野外对动物的观察、解剖，如有条件结合室内饲养，可以了解各种兽类的怀孕率和胎仔数及数量增长的情况。

兽类繁殖力的大小主要是由遗传性所决定的，一年繁殖的次数及每次所生的仔数，通常都是种的特性。例如，虎 3~4 岁成熟，每 2~3 年繁殖 1 次，怀孕期 4 个月左右，每产 2~4 仔；一些小型鹿科动物 1 年左右性成熟，每年繁殖 1 次，每产 1~3 头；而小型鼠类，有的出生后 3 个月即成熟，春季出生的个体到秋季就能繁殖，每年多的可产 4~6 胎，每胎产仔数多的可超过 10 只。

影响兽类繁殖的环境条件是多方面的，如气候条件、食物因素等。前者又可包括温度、光照、水分等方面。因此，在观察兽类繁殖时，要注意环境条件的影响，如能在室内饲养并结合进行环境因素的试验，将会收到更好的效果。

4.3.1 性别和性比

兽类雌雄性别的分辨，大型兽类可以直接观察外生殖器部分。一般雌性的阴门位于体后部肛门之下，雄性的尿殖器官在腹部后方。另外，成熟雄性的阴囊外露(通常在鼠蹊部)。此外，还可以根据动物角的有无、个体大小等特征加以区别。例如，鹿科除麝和獐无角以及驯鹿雌雄均有角以外，其他种类仅雄性有角，如梅花鹿、驼鹿、毛冠鹿、小麂等。有些种类个体大小有明显的性二型现象，例如黄鼬雄性较大，平均体重达 0.8 kg，而雌性只有 0.4 kg 左右。另外，还有一些兽类雄性的犬齿特别发达，外露呈獠牙状，如野猪、麝、獐等。

啮齿类等小型兽类，在繁殖时期，雄性的阴囊突于尾下，容易区别。非繁殖时期，可根据体后部的开口情况决定性别。雄性的尿殖乳头和肛门两者相距较远。雌性则有泌尿乳头、阴道孔及肛门 3 个开口，而且相距较近（如图 6-12 所示）。但幼体及未生育过的亚成体，其阴道孔因被处女膜封闭而不易看见。

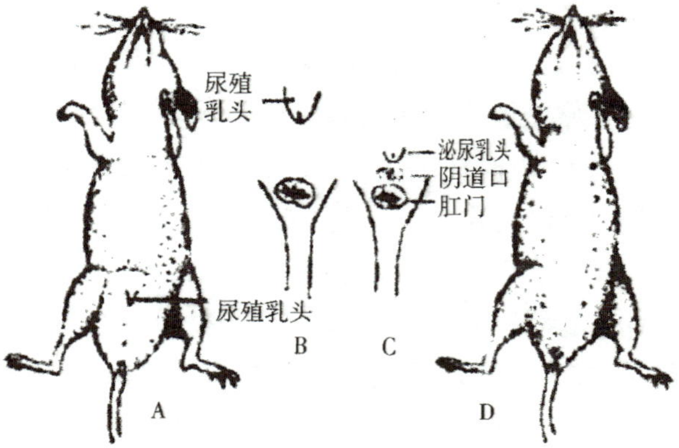

A.成雄，尿殖乳头后睾丸明显；B.幼雄，尿殖乳头与肛门间距较大；
C.幼雌，泌尿乳头，阴道口与肛门三者紧等靠在一起；D.成雌，似幼雌（依 G. I. Twigg，1975）

图 6-12 性成熟和未成熟鼠性别的外型鉴别

种群的性比是动物种群的一个重要特性，与种群的繁殖力和数量增长有关。哺乳类的性比通常为 1:1，但不同种类的性比有变化，如鼬和貂的一些种类种群的雄性显著高于雌性。

4.3.2 怀孕检查和怀孕率

兽类繁殖力的大小，取决于怀孕率和胎仔数、怀孕期长短、每年繁殖的次数、幼体生长发育及达到性成熟的速度、一生中能进行繁殖的年龄多长等因素。而在实习的短时期内，能够直接观察到，并对繁殖力大小得出一个初步概念的是怀孕率和胎仔数的检查。其对象主要是中小型兽类，特别是鼠类和食虫类最容易做到。

怀孕率是指调查时所捕获的种群，在全部成年雌体中正在怀孕个体的百分比。胎仔数是在其子宫内肉眼所能看到的胚胎个数。因此，在繁殖时期所捕获的雌性个体，应该逐个解剖，进行是否怀孕的检查，并记录胎仔数。

雌性动物在交配以后，卵子受精，怀孕即行开始，但在怀孕初期，子宫变化不大，直到胚胎在子宫壁着床并开始生长发育后，子宫才逐渐膨大。

因此,检查子宫内的胚胎情况,并不包括未着床的怀孕初期的胚胎。一般小型鼠类怀孕期为 3~4 周,因此所得到的怀孕个体数目,只能是整个种群中实际怀孕个体数目的 2/3 到 3/4 左右。而目前大家还是通用这种方法来检查怀孕情况和计算怀孕率。

子宫内怀孕的胎仔数一般是容易看清楚的,但有时母体因营养不足或其他原因,在正常胚胎之间出现较小的吸收胚,它不能继续发育,在记录中需加注明。另外,有时在子宫内可以看到黑色的斑点。这是在产仔后,胎盘发育所留下的瘢痕,称为子宫斑。雌鼠在怀孕以后,胚胎在子宫内发育,以胎盘固着于子宫壁,母体通过胎盘供给胚胎发育的营养,产仔后残存在子宫壁上的胎盘就形成了子宫斑(图 6–13)。子宫斑保留时间比较长,一般为数周,有些动物甚至可达 6~8 个月。了官斑也应作记录。有时子宫充血而膨胀,但没有看到发育着的胚胎,这可能是胚胎刚着床于子宫不久,肉眼难以看清,必须将于宫取出,夹在二块载玻片上透光看或在解剖镜下观察,才能见到。

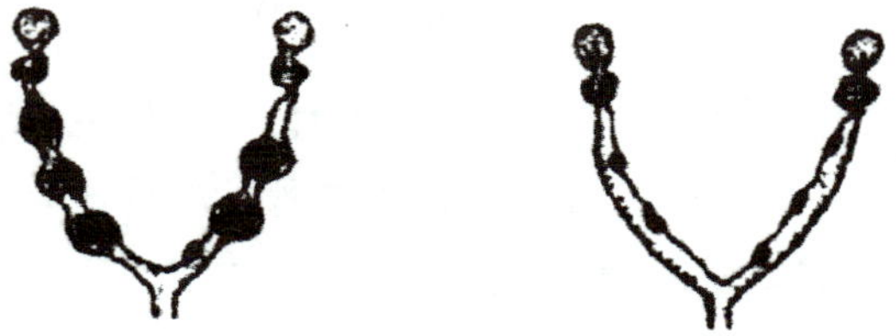

A.子宫已怀孕,其中一个为吸收胚;B.产后保留的子宫斑

图 6–13 鼠类子宫

另外,根据阴道涂片能大致确定鼠类的繁殖周期。通常是用棉签在捕获的活鼠阴道粘膜上,轻轻刮取内含物,涂在载玻片上以备观察。如从鼠尸取材时,则剪开阴道,用载玻片直接在阴道粘膜上涂片,然后在显微镜下观察,以判断该鼠在繁殖周期所处的阶段。

综上所述,通过解剖雌鼠作怀孕检查,就能计算出调查时期内该动物的怀孕率。假如一年中每个月作一定数量的检查(个数多更正确),就能看出该动物一年中怀孕率的波动情况,并绘制出怀孕率曲线图。从该曲线可以分析动物一年中的繁殖盛期及种群的繁殖次数。

在繁殖时期,对雄鼠也要进行观察和记录。此时,精巢发育长大,并下降到体腔外的阴囊中，附睾也成为极其扭曲的器官。观察时，需测量睾丸的长度和宽度，如能镜检附睾内精子的成熟情况，就更有意义。

4.4 年龄鉴别方法及种群年龄组成的研究

在动物种群动态研究中，掌握种群年龄结构有助于估算个体生长率、性成熟年龄、最高寿命及平均寿命、种群出生率和死亡率等。高等动物年龄结构是种群动态非常重要的指标之一。由于得自野外的材料，年龄多是未知的。因此，研究年龄鉴定的方法．是研究种群年龄组成不可缺少的工作。

自20世纪50年代起，在兽类的年龄鉴定中所采用的方法很多。根据不同动物类别及类型(包括不同体型、不同寿命期限、不同栖息环境等)选用的鉴定方法各异。对于具体种来说，虽然均有其适宜的某些鉴定方法，但至今还没有统一的趋势。

常用的年龄鉴别方法，主要根据牙齿、体重、胴体重、体长、尾长、阴茎骨、眼球的晶体和角的变化等，现分别简介如下。

4.4.1 牙齿

牙齿的生长和更换有一定的顺序和规律，如獐约3月龄时长好第一臼齿，5~6月龄时长第二臼齿，约1岁时长第三臼齿，更换前臼齿。马鹿在5月龄长第一臼齿，18月龄时见有第二臼齿，28月龄臼齿长齐。因此，可根据牙齿的生长状况，判明有蹄类的早期年龄。

由于牙齿的磨损随着年龄的增长而变化，所以臼齿的磨损程度也适用于鉴定鼠类的相对年龄。其步骤是，先从捕获的鼠类取出头骨，做成骨骼标本；在放大镜或解剖镜下对臼齿咀嚼面的磨损程度进行观察(一般观察上臼齿，可同时观察3枚或仅观察其中1枚)，并将咀嚼面齿突的磨损情况绘成草图；对所有的个体进行分析，划分相应的年龄组。

近年来，应用齿质和齿骨质的生长层来区分年龄，可认为是兽类年龄鉴定的重要发展。因为齿骨质的形成受动物的活动和饲料的影响，它沉积于齿根的周围，象树木年轮那样显示出宽窄不同的轮纹。通过切片或磨片，较易辨别轮纹的数量，从而可比较确切地鉴定动物的年龄。齿质法为一些已知年龄的材料所证实，并广泛应用于大中型偶蹄类和食肉类等动物。

4.4.2 体重、胴体重、体长和尾长

对大多数动物来说,这些指标只具有幼年期使用的价值。因为许多动物在达到成年后,体重、胴体重、体长和尾长不再增长。但是很适用于一些小型啮齿类。因为此法简便、有效而被广泛使用。其中胴体重是指除去内脏的体重,可以减少胃含物等因素引起的误差。在测量体长和尾长时,最好固定1人操作,降低人为因素的误差。

4.4.3 阴茎骨

阴茎骨与性成熟关系密切,所有食肉类、海豹、部分灵长类、鼠类、蝙蝠及一些食虫类,幼年动物和成年动物的阴茎骨在形态上有显著差别,是鉴别雄性成幼体的有效指标。此方法主要是依据阴茎骨的重量、长度和宽度来划分年龄的,但在应用于不同的动物时,这几个指标有所侧重。有研究表明,在对水貂年龄研究的结果显示,在性成熟以前,阴茎骨的长度与重量的增加是相吻合的,但到较大的年龄时,重量的增加又比长度要显著,因而以重量作为指标比长度好;阴茎骨长度对6岁以下的黑熊和3岁以下的棕熊是一项较可靠的年龄指标,而对老龄个体却不准确。

4.4.4 眼球晶体

许多兽类眼球晶体的生长能持续一生,而且晶体的生长情况在个体之间差异极其微小,因此用它来测定生命周期较短的兽类年龄是可行的。当然,所测得的干晶体重量如果能和室内饲养个体的晶体重量进行对照和检验,则更加准确。具体方法是:(1)杀死动物后取出眼球,浸于10%甲醛溶液;(2)固定1至2周,将晶体从眼球中取出,稍凉干;(3)晶体放置干燥箱内60~80℃烘干至恒重,通常需要24~36小时(小型动物晶体);(4)从干燥箱取出后立即称重,防止干晶体吸水。

4.4.5 角

牛科动物具有永久性角,由于生活条件和食物条件不同,角的生长有差异,因而可作为鉴别年龄的依据。食物条件好,角生长快而显得平滑,但在食物缺乏的季节,角几乎停止生长并形成环。大多数鹿科动物具有周期性脱落的角。根据鹿角的角柄和角冠的生长状况,能鉴定性成熟前的月龄,但不能根据角叉数来判断年龄。

通过以上方法鉴定出动物的年龄,算出各年龄组中个体所占的比例

即可绘出年龄锥体，以分析种群的年龄组成和种群的发展趋势。

5 哺乳类分类检索

5.1 中国哺乳动物目别检索

据最新记载，我国哺乳动物共有607种，隶属于13目55科235属。其中食虫目72种，树鼩目1种，翼手目120种，灵长目22种，鳞甲目2种，食肉目61种，鲸目35种，海牛目1种，长鼻目1种，奇蹄目5种，偶蹄目48种，啮齿目207种，兔形目32种。下面分别列出我国哺乳类分目检索表和各目分科检索表。

1. 水生；若能上陆行走，腹部着地 ………………………………………… 2
   陆生；若能生活于水中，常上陆靠四肢支撑躯体行走 ………………… 4
2. 四肢呈鳍状足，趾间有蹼，尾不明显 ……………………… 鳍脚目 Pinnipedia
   前肢桨状，后肢消失 ……………………………………………………… 3
3. 全身无毛，鼻孔开口于头顶 ……………………………………… 鲸目 Cetacea
   全身有短的稀疏硬毛，唇厚，鼻孔位于吻端 ……………………… 海牛目 Sirenia
4. 指、趾具爪或甲 ………………………………………………………… 5
   指、趾具蹄 ……………………………………………………………… 12
5. 指、趾具甲，大指、趾与他指、趾相对 ……………………… 灵长目 Primates
   指、趾具爪 ……………………………………………………………… 6
6. 前肢翼状，指延长，指间及肢间有翼膜，能飞行 ……………… 翼手目 Chiroptera
   前肢非翼状，有些种类肢间有皮膜，能滑翔，但不能飞行 ……………… 7
7. 体被复瓦状角质鳞片 …………………………………………… 鳞甲目 Pholidota
   体被毛或刺 ……………………………………………………………… 8
8. 门齿强大，凿状，犬齿虚位 …………………………………………… 9
   门齿不成凿状，有犬齿 ………………………………………………… 10
9. 上门齿2对，前后重叠排列 ……………………………… 兔形目 Lagomorpha
   上门齿1对 ………………………………………………… 啮齿目 Rodentia
10. 中央门齿小于其余门齿和犬齿 ……………………………… 食肉目 Carnivora
    中央门齿大于其余门齿，多数也大于犬齿 ……………………………… 11

11. 体形及大小似松鼠，尾毛蓬松；鼻吻部尖，但不延长 ………… 树鼩目 Scandcntia

体形似鼠，尾毛短而稀，鼻吻部延长，明显超过下唇…一 ……… 食虫目 Insectivora

12. 上唇和鼻部极度延长成象鼻，1 对上门齿形成粗的象牙 …… 长鼻目 Proboscidea

上唇和鼻正常或稍延长，上门齿若存在不形成象牙 …………………………… 13

13. 后足或前后足蹄为单(奇)数 ……………………………… 奇蹄目 Perissodactyla

四足蹄为双(偶)数，第二、三两蹄最发达 ……………………… 偶蹄目 Artiodactyla

5.2 食虫目分科检索表

1. 眼退化，无耳壳，前掌宽大，掌心朝外；体毛短而呈天鹅绒毛状，无毛向 ………… ……………………………………………………………… 鼹科 Talpidae

眼正常或较小，四肢正常，有耳壳 ……………………………………………… 2

2. 身上有棘刺或长的针毛；臼齿齿冠方形 ………………………… 猬科 Erinaceidae

身上密生短毛；臼齿齿冠不呈方形，眼小，耳短，掌及爪均不发达 ……………… ……………………………………………………………… 鼩鼱科 Soricidae

5.3 翼手目分科检索表

1. 第二指有 3 节指骨，通常具爪；体型大，前臂长超过 7cm；尾短或缺如，狐脸大眼 … ……………………………………………………………… 狐蝠科 Pteropodidae

第二指只有 2 节指骨或更少，无爪；一般有尾；眼小 ……………………………… 2

2. 鼻部有叶状物(鼻叶) ……………………………………………………… 3

鼻部有叶状物 ………………………………………………………………… 5

3. 耳屏分叉；鼻叶简单；第二指仅 1 节指骨 …………… 假吸血蝠科 Megadermatidae

无耳屏；鼻叶复杂，第二指有 2 节指骨 ………………………………………… 4

4. 足趾各具 2 节趾骨；鼻叶复杂，无顶叶 ……………………… 蹄蝠科 Hipposideridae

足趾各具 3 节趾骨，鼻叶复杂，有顶叶 ……………………… 菊头蝠科 Rhinolophidae

5. 尾不突出于股间膜，不呈游离状 ………………………… 蝙蝠科 Vespertilionidae

尾突出于股间膜，呈游离状 …………………………………………………… 6

6. 第二指只有掌骨，无指骨，尾从股间膜背面穿出 ………… 鞘尾蝠科 Emballonuridae

第二指有指骨，尾从股间膜后缘穿出 ………………………… 犬吻蝠科 Molossidae

5.4 灵长目分科检索表

1. 第二趾具爪；尾极短，全身毛被绒毛状 ……………………………… 懒猴科 Lorisidae

指趾均具甲，尾长或无尾，体毛不成绒毛状 ……………………………………… 2

2. 尾长或很明显 …………………………………………………… 猴科 Cercopithecidae

无尾，前肢长于后肢 ………………………………………………… 长臂猿科 Hylobatidae

5.5 食肉目分科检索表

1. 体形肥大；四肢粗壮；均5 趾，蹠行性；臼齿丘齿型，齿峰不尖锐 ……………………… 2

体形矫健，若显肥壮，齿数不超过 38 枚；有裂齿，臼齿齿峰尖锐 ……………………… 4

2. 全身黑色（胸区有的有白斑）或褐色，面部犬脸状 ……………………… 熊科 Ursidae

全身红棕或黑白两色，面部猪脸状 ……………………………………………………… 3

3. 体形粗壮，全身黑白两色；尾短，隐于毛中 ………………… 大熊猫科 Ailuropodidae

体形小、毛红棕色；尾长，有明显色环 ……………………………… 小熊猫科 Ailuridae

4. 头形短圆；爪能伸缩，齿数一般为 30 枚 ……………………………………… 猫科 Felidae

头形狭长；爪不能伸缩或略能收缩；齿数 32 枚以上 ………………………………… 5

5. 齿数 42 枚（豺 40 枚）外形似犬 ……………………………………………… 犬科 Canidae

齿数不超过 40 枚，四肢短，非犬形 ………………………………………………………… 6

6. 毛色多具斑纹；臼齿 2/2，M′ 内叶窄于外叶 ……………………… 灵猫科 Viverridae

毛色通常无斑纹；臼齿数为 1/2，M′ 内叶宽于外叶 ………………… 鼬科 Mustelidae

5.6 偶蹄目分科检索表

1. 有上门齿，下犬齿和门齿异形；无角，足 2 或 4 趾 ……………………………………… 2

无上门齿，下犬齿与门齿同型；雄件有角，若无角，则上犬齿呈獠牙状；足 4 趾 … 3

2. 鼻吻端有吻盘，鼻孔位于吻盘；体被鬃毛；足 4 趾 ……………………… 猪科 Suidae

鼻吻端无吻盘，上唇纵裂；鼻孔在吻部两侧，有鼻瓣；体被密的软毛，背有驼峰；足 2 趾 ……………………………………………………………………… 驼科 Camelidae

3. 体形小，体长不足 50cm，体重不足 3kg；无角；上犬齿发达，第一下门齿间有明显空隙；无眶下腺 ………………………………………………………… 鼷鹿科 Tragulidae

体形大，体重在 10kg 以上；大都雄性有角；侧蹄不发达 ………………………………… 4

4. 有骨质分叉的实角，每年脱换，生出新角；若无角，则上犬齿发达，成獠牙状 ………………………………………………………………………… 鹿科 Cervidae

有虚角（骨质角心外有角质鞘），角不分枝，永不脱落；无上犬齿 …… 牛科 Bovidae

5.7 兔形目分科检索表

体形较小，体重 100~400g；耳短而圆，耳基不呈管状；四肢短小，不善跳跃 ………… ……………………………………………………………………… 鼠兔科 Ochotonidae

体形较大，体重超过 1000g；耳长，耳基部呈管状；后肢长善跳跃 …… 兔科 Leporidae

5.8 啮齿目分科检索表

1. 上颌颊齿(前臼齿和臼齿)数多于下颌，为 5/4 或 4/3 …… 2
   上、下颌颊齿数相等，为 4/4 或 3/3 …… 5
2. 颊齿 5/4；后足和尾正常 …… 3
   颊齿 4/3；后足及尾特长，适于跳跃 …… 4
3. 体侧有皮膜与前后肢相连，能滑翔 …… 鼯鼠科 Petauristidae
   体侧无皮肤膜，不能滑翔 …… 松鼠科 Sciuridae
4. 后肢长约为前肢的 2 倍；后足 5 趾，中蹠骨不愈合，尾端无毛束 …… 林跳鼠科 Zapodidae
   后肢长约为前肢的 4 倍；后足第一、第五趾退化或缺如；中蹠骨相互愈合；尾端常有毛束 …… 跳鼠科 Dipodidae
5. 颊齿 4/4 …… 6
   颊齿 3/3 …… 8
6. 体形较小，体长不超过 20cm；尾细长，覆有短毛 …… 睡鼠科 Myoxidae
   体形大，体长超过 40cm；足形异常，无毛而具鳞状皮或棘刺 …… 7
7. 身上及尾部被长而硬的棘刺 …… 豪猪科 Hystricidae
   全身被毛；尾大而扁平，覆有鳞状皮 …… 河狸科 Castoridae
8. 适于地下生活，眼及耳壳退化；每个上臼齿咀嚼面有 8 条横脊 …… 竹鼠科 Rhizomyidae
   上臼齿不具横脊或横脊少于 8 条 …… 9
9. 尾毛稀，末端毛特长，头骨硬腭有 2~3 对小孔……刺睡(山)鼠科 Platacanthomyidae
   尾毛短而密生；头骨硬腭部无小孔 …… 10
10. 上臼齿咀嚼面齿尖排成三纵列(幼体)，被磨损后分割成横条状(成体) …… 鼠科 Muridae
    上臼齿齿尖排成二纵列(幼体)，成体时被磨损成各种形状的齿叶 …… 仓鼠科 Cricetidae
11. 臼齿咬合面有明显齿尖，排成二纵列，磨损后相连成脊 …… 仓鼠亚科 Crieetinae
    臼齿咬合面形成三角形或菱形齿叶 …… 12
12. 上门齿唇面有 1~2 条纵沟；臼齿咬合面呈菱形齿叶 …… 沙鼠亚科 Cerbillinae
    上门齿唇面无纵沟；臼齿咬合面呈三角形齿叶 …… 13
13. 外耳不明显，爪发达，爪长超过相应趾长；尾短 …… 鼢鼠亚科 Myospalacinae

外耳明显，爪正常 ……………………………………… 田鼠亚科 Macrotinae

6 野外常见种类识别

兽类的适应性很强，几乎在地球的各处都有分布，甚至在荒凉的极地也有它们的踪迹。根据其习性可分为下面几种类型：

陆生兽类。偶蹄目、奇蹄目、食肉目及部分啮齿目动物都属于这一类。由于生活的环境不同，又可分平原生活的、林中生活的和山地生活的动物。平原生活的兽类，包括生活在草原、沙漠和旷野的有蹄类、啮齿目、食肉目和食虫目等，这些动物的视觉和听觉器官都比较发达，有耐渴的特性，并能较持久地、迅速地奔跑。林中生活的兽类是指在森林陆栖的种类，如黑熊、鼠等，它们不能攀树，从地面获得食物，没有特殊的巢穴，主要以树林作隐蔽处。

树栖兽类。包括灵长目、啮齿目中的松鼠等，它们一生中的大部分时间生活在树上，在树上筑巢和获取食物，主要吃植物的果实和种子，此外也捕食一些小型动物。

飞翔兽类。翼手目动物具有飞翔能力，前肢特化成翼，夜间活动，听觉和嗅觉很灵敏。

穴居兽类。主要是一部分啮齿目和食虫目的种类。因适应地下生活，形态结构发生了变异，主要表现在眼和耳壳退化，身体成长形，尾短或无尾，毛呈绒状无毛向，一些种类的前肢和牙齿特化，适于掘土。

水栖兽类。有半水栖和水栖类型，如海豹、鲸等，它们的形态结构也发生相应变化而适于水中生活。

6.1 食虫目

本目动物是原始的哺乳动物类群。一般体型小而吻部较尖长呈管状。牙齿分化不明显，齿尖尖锐，门齿排成直列，前门齿都较发达。四肢较短，多具 5 趾，有钩爪，为蹠行性。多数陆栖，营地面或地下生活。多为夜行性。以动物性食物为主。

常见种类有刺猬、缺齿鼹、臭鼩鼱、灰麝鼩等。

6.2 翼手目

本目动物是兽类中唯一适应空中飞行生活的类群。前肢特化，除第一指外，其余4指的掌骨，指骨特别细长；尺骨退化，桡骨比肱骨长；指骨和体侧间有皮膜相连，形成特有的翼膜，往后与后肢相连；后肢和尾相互间亦有皮膜相连，称股间膜。第1指短而游离于翼膜，指端具弯曲的爪；除第2指某些种类具爪外，其余都无爪。后肢5趾，等长而均有爪。用于钩挂在树枝或其他粗糙物体上停靠休息。

夜行性，视觉退化，听觉发达，眼小，耳大。定位和捕食全靠发出和回收超声波。许多种类外耳具耳屏，菊头蝠科和马蹄蝠科在颜面部产生很多复杂的皮褶，称鼻叶。常见种类有伏翼、大蹄蝠等。

6.3 灵长目

树栖生活类群。除少数种类外，拇指(趾)多能与它指(趾)相对，适于树栖攀缘及握物。手掌(及蹠部)裸露，并具有两行皮垫，有利于攀缘。指(趾)端部除少数种类具爪外，多具指甲。两眼前视。广泛分布于热带、亚热带和温带地区。群栖，杂食性。常见种类有猕猴、黄山短尾猴等。

6.4 鳞甲目

体外覆有角质鳞甲，鳞片间杂有稀疏硬毛。不具齿。吻尖，舌发达。前爪极长，适应于挖掘蚁穴，舐食蚁类等昆虫。常见种类为穿山甲。

6.5 兔形目

上颌具有2对门齿，前1对较大，其前方有明显的纵沟；后1对极小，呈圆柱形隐于前1对的后方。无犬齿，在门齿和前臼齿之间有很长的齿隙。前臼齿与臼齿的咀嚼面一般可分为前后两部。左右上齿列间的宽度比下齿列间的宽度要大得多，在咀嚼食物时同时只能有一侧的上下齿列相对，因此它们的下颌是经常左右移动的。本目动物外形变化较大。无尾或尾极短小。上唇中部具有纵裂。常见种类有草兔、华南兔等。

6.6 啮齿目

体中小型，上下颌各具一对门齿，呈凿状，能终生生长。无犬齿，门齿与前臼齿之间具有空隙。

本目种类繁多，在各类生境中都有分布。有以树栖生活为主的松鼠类；能滑翔飞行的鼯鼠类；有大型的豪猪、河狸等，也有许多中、小型的野栖和家栖鼠类，如大仓鼠、黑线仓鼠、大沙鼠、长爪沙鼠、草原鼢鼠、布氏田鼠、中华竹鼠、黑线姬鼠、褐家鼠、黄胸鼠、小家鼠、黄毛鼠、社鼠等。

6.7 食肉目

门齿小，犬齿强大而锐利，有裂齿。指(趾)端常具利爪以撕捕食物。毛厚密而且多具光泽，为重要的毛皮兽。如犬科的狼、狐、貉、豺；熊科的黑熊、棕熊；鼬科的青鼬、黄鼬、鼬獾、水獭；灵猫科的大灵猫、小灵猫、食蟹獴；猫科的豹(金钱豹)、云豹、豹猫、原猫等。

6.8 偶蹄目

是大中型具有偶数趾的有蹄类。缺第 1 趾，第 3、4 趾特别发达，肢轴通过这两趾之间以支持体躯，第 2、5 趾退化或缺失。趾端具蹄，善于奔跑。除猪、骆驼及鹿科的某些种类外，头上都有 1 对从额骨长出的骨质角。鹿类的角为实角，有分枝，并定期脱换。牛科的角为洞角，外被角质鞘，不分枝，永不脱换。上颌门齿趋于退化，甚至完全消失。上颌犬齿多数退化或缺如，有的则发展成獠牙状。为陆栖兽类，多数群居，除少数杂食外，多数以植物为食。

常见种类有野猪、林麝、驼鹿、獐、梅花鹿、狍、黑麂、毛冠鹿、小麂(黄麂)、黄羊、岩羊、鬣羚等。

主要参考文献

[1] 安徽师范大学生命科学学院. 黄山市生态规划,2005.

[2] 陈壁辉. 安徽两栖爬行动物志.合肥:安徽科学技术出版社,1991.

[3] 韩联宪. 中国观鸟指南. 昆明: 云南教育出版社, 2004.

[4] 赛道建. 动物学野外实习指导.上海:科学出版社,2005.

[5] 盛和林、王岐山. 脊椎动物野外实习指导.北京:人民教育出版社,1982.

[6] 盛和林. 哺乳动物学概论.上海:华东师范大学出版社,1991.

[7] 孙帼英. 脊椎动物学实验指导.上海:华东师范大学出版社,1989.

[8] 王岐山. 安徽兽类志.合肥:安徽科学技术出版社,1990.

[9] 约翰. 马敬能. 中国鸟类野外手册. 长沙: 湖南教育出版社, 2000.

[10] 郑光美. 鸟类学.北京:北京师范大学出版社,1995.

[11] 郑光美. 中国鸟类分类与分布名录. 北京: 科学出版社, 2006.

[12] 郑光美.鸟类学.北京:北京师范大学出版社,1995.

[13] 郑作新.中国鸟类种和亚种名录大全.北京:科学出版社,2000.

[14] 中国濒危物种进出口管理办公室. 常见贸易鸟类识别手册. 北京: 中国林业出版社, 2002.

附录：

国家重点保护野生动物名录

（1988年12月10日国务院批准1989年1月14日林业部农业部发布施行）

兽纲 MAMMALIA

目	科	中文名	学名	保护级别
灵长目 PRIMATES	懒猴科 Loridae	蜂猴(所有种)	*Nycticebus spp.*	Ⅰ
	猴科 Cercopithecidae	短尾猴(红面短尾猴)	*Macaca arctoides*	Ⅱ
		熊猴	*Macaca assamensis*	Ⅰ
		台湾猴	*Macaca cyclopis*	Ⅰ
		猕猴	*Macaca mulatta*	Ⅱ
		豚尾猴	*Macaca nemestrina*	Ⅰ
		藏酋猴	*Macaca thibetana*	Ⅱ
		叶猴(所有种)	*Trachypithecus spp.*	Ⅰ
		金丝猴(所有种)	*Pygathrix spp.*	Ⅰ
	长臂猿科 Hylobatidae	长臂猿(所有种)	*ylobates spp.*	Ⅰ
鳞甲目 PHOLIDOTA	穿山甲科 Manidae	穿山甲	*Manis pentadactyla*	Ⅱ
食肉目 CARNIVORA	犬科 Canidae	豺	*Cuon alpinus*	Ⅱ
	熊科 Ursidae	黑熊	*Ursus thibetanus*	Ⅱ
		棕熊	*Ursus arcto*	Ⅱ
		(包括马熊)	(*U a pruinosus*)	
		马来熊	*Helarctos malayanus*	Ⅰ
		小熊猫	*Ailurus fulgens*	Ⅱ
		大熊猫	*Ailuropoda melanoleuc*	Ⅰ
		石貂	*Martes foina*	Ⅱ
		紫貂	*Martes zibellina*	Ⅰ

[redacted]

食肉目 CARNIVORA	鼬科 Mustelidae	青鼬	*Martes flavigula*	Ⅱ
		貂熊	*Gulo gulo*	Ⅰ
		水獭(所有种)	*Lutra* spp.	Ⅱ
		小爪水獭	*Amblonyx cinerea*	Ⅱ
	灵猫科 Viverridae	斑灵猫	*Prionodon pardicolor*	Ⅱ
		大灵猫	*Viverra zibetha*	Ⅱ
		小灵猫	*Viverricula indica*	Ⅱ
		熊狸	*Arctictis binturon*	Ⅰ
	猫科 Felidae	草原斑猫	*Felis silvestris*	Ⅱ
		漠猫	*Felis bieti*	Ⅱ
		丛林猫	*Felis chaus*	Ⅱ
		猞猁	*Lynx lynx*	Ⅱ
		兔狲	*Otocolobus manul*	Ⅱ
		金猫	*Catopuma temmincki*	Ⅱ
		鱼猫	*Prionailurus viverrinus*	Ⅱ
		云豹	*Neofelis nebulosa*	Ⅰ
		豹	*Panthera pardus*	Ⅰ
		虎	*Panthera tigris*	Ⅰ
		雪豹	*Uncia unci*	Ⅰ
	海狮科 Otariidae	海狗	*Callorhinus ursinus*	
		斑海豹	*Phoca largha*	
		港海豹	*Phoca vitulina*	
海牛目 SIRENIA	儒艮科 Dugongidae	儒艮	*Dugong dugon*	Ⅰ
鲸目 CETACEA	淡水豚科 Platanistidae	白暨豚	*Lipotes vexillifer*	Ⅰ
	海豚科 Delphinidae	中华白海豚		Ⅰ
	其它鲸类（Cetacea）			
长鼻目 PRO-BOSCIDEA	象科 Elephantidae	亚洲象	*Elphas maximus*	Ⅰ
奇蹄目 PERISSO-DACTYLA	马科 Equidae	蒙古野驴	*Equus hemionus*	Ⅰ
		藏野驴	*Equus kiang*	Ⅰ
		野马	*Equus caballus*	Ⅰ
	骆驼科 Camelidae	双峰驼	*Camelus bactrianus*	Ⅰ

偶蹄目 ARTIO-DACTYLA	鼷鹿科 Tragulidae	鼷鹿	*Tragulus javanicus*	Ⅰ
	麝科 Moschidae	麝(所有种)	*Moschus* spp.	Ⅱ
	鹿科 Cerviae	獐	*Hydropotes inermis*	
		黑麂	*Muntiacus crinifrons*	Ⅰ
		白唇鹿	*Cervus albirostris*	Ⅰ
		马鹿	*Cervus elaphus*	Ⅱ
		(包括白臀鹿)	(*C e macneilli*)	
		泽鹿	*Cervus eldi*	Ⅰ
		梅花鹿	*Cervus nippon*	Ⅰ
		豚鹿	*Axis porcinus*	Ⅰ
		水鹿	*Cervus unicolor*	Ⅱ
		麋鹿	*Elaphurus davidianus*	Ⅱ
		驼鹿	*Alces alces*	Ⅱ
	牛科 Bovidae	野牛	*Bos frontali*	Ⅰ
		野牦牛	*Bos grunniens*	Ⅰ
		黄羊	*Procapra gutturosa*	Ⅱ
		普氏原羚	*Procapra przewalskii*	Ⅰ
		藏原羚	*Procapra picticaudate*	Ⅱ
		鹅喉羚	*Gazella subgutturosa*	Ⅱ
		藏羚	*Pantholops hodgsoni*	Ⅰ
		赛加羚羊	*Saiga tatarica*	Ⅰ
		扭角羚	*Budorcas taxicolor*	Ⅰ
		鬣羚	*Naemorhedus sumatraensis*	Ⅱ
		台湾鬣羚	*Capricornis crispus*	Ⅰ
		红斑羚	*Naemorhedus baileyi*	Ⅰ
		斑羚	*Naemorhedus goral*	Ⅱ
		喜马拉雅塔尔羊	*Hemitragus jemlahicus*	Ⅰ
		北山羊	*Capra sibirica*	Ⅰ
		岩羊	*Pseudois nayaur*	Ⅱ
		盘羊	*Ovis ammon*	Ⅱ
兔形目 LAGOMOR-PHA	兔科 Leporidae	海南兔	*Lepus hainanus*	Ⅱ
		雪兔	*Lepus timidus*	Ⅱ
		塔里木兔	*Lepus yarkandensis*	Ⅱ
啮齿目 RODENTLA	松鼠科 Sciuridae	巨松鼠	*Ratufa bicolor*	Ⅱ
	河狸科 Castoridae	河狸	*Castor fiber*	Ⅰ

鸟纲 AVES

鹳形目 CICONIIFORMES	䴙䴘科 Podicipedidae	角䴙䴘	*Podiceps auritus*	Ⅱ
		赤颈䴙䴘	*Podiceps grisegena*	Ⅱ
	鹱科 Procellariidae	短尾信天翁	*Diomedea albatru*	Ⅰ
	鹈鹕科 Pelecanidae	鹈鹕(所有种)	*Pelecanus* spp.	Ⅱ
	鲣鸟科 Sulidae	鲣鸟(所有种)	*Suls* spp.	Ⅱ
	鸬鹚科 Phalacrocoracidae	海鸬鹚	*Phalacrocorax nige*	Ⅱ
		黑颈鸬鹚	*Fregata andrewsi*	Ⅰ
	军舰鸟科 Fregatidae	白腹军舰鸟	*Fregata andrewsi*	Ⅰ
	鹭科 Ardeidae	黄嘴白鹭	*Egretta eulophotes*	Ⅱ
		岩鹭	*Egretta sacra*	Ⅱ
		海南鳽	*Gorsachius magnificus*	Ⅱ
		小苇鳽	*Ixobrychus minutus*	Ⅱ
	鹳科 Ciconiidae	白头鹮鹳	*Mycteria leucocephala*	Ⅱ
		白鹳	*Ciconia ciconia*	Ⅰ
		黑鹳	*Ciconia nigra*	Ⅰ
	鹮科 Threskiornithidae	[黑头]白鹮	*Threskiornis melanocephalus*	Ⅱ
		黑鹮		Ⅱ
		朱鹮		Ⅰ
		彩鹮		Ⅱ
		白琵鹭		Ⅱ
		黑脸琵鹭		Ⅱ
	鹰科 Accipitridae	金雕	*Aquila chrysaetos*	Ⅰ
		白肩雕	*Aquila heliaca*	Ⅰ
		玉带海雕	*Haliaeetus leucoryphus*	Ⅰ
		白尾海雕	*Haliaeetus albicilla*	Ⅰ
		虎头海雕	*Haliaeetus pelagicus*	Ⅰ
		白背兀鹫	*Gyps bengalensis*	Ⅰ
		胡兀鹫	*Gypaetus barbatus*	Ⅰ
	其它鹰类(Accipitridae)			Ⅱ
	隼科(所有种) Falconidae			Ⅱ

鹳形目 CICONIIFORMES	雉鸻科 Jacanidae	铜翅水雉	*Metopidius indicus*	Ⅱ
	丘鹬科 Scolopacidae	小杓鹬	*Numenius minutus*	Ⅱ
		小青脚鹬	*Tringa guttifer*	Ⅱ
	燕鸻科 Glareolidae	灰燕鸻	*Glareola lactea*	Ⅱ
	鸥科 Laridae	遗鸥	*Larus relictus*	Ⅰ
		小鸥	*Larus minutus*	Ⅱ
		黑浮鸥	*Chlidonias niger*	Ⅱ
		黄嘴河燕鸥	*Sterna aurantia*	Ⅱ
		黑嘴端凤头燕鸥	*Sterna bernstein*	Ⅱ
	沙鸡科 Pteroclididae	黑腹沙鸡	*Pterocles orientalis*	Ⅱ
雁形目 ANSERIFORMEA	鸭科 Anatidae	红胸黑雁	*Branta ruficollis*	Ⅱ
		白额雁	*Anser albifrons*	Ⅱ
		天鹅(所有种)	*Cygnus* spp.	Ⅱ
		鸳鸯	*Aix galericulata*	Ⅱ
		中华秋沙鸭	*Mergus squamatus*	Ⅰ
鸡形目 GALLIFORMES	雉科 Phasianidae	黑嘴松鸡	*Tetrao parvirostris*	Ⅰ
		黑琴鸡	*Tetrao tetrix*	Ⅱ
		柳雷鸟	*Lagopus lagopus*	Ⅱ
		岩雷鸟	*Lagopus mutus*	Ⅱ
		镰翅鸡	*Dendragapus falcipennis*	Ⅱ
		花尾榛鸡	*Tetrastes bonasia*	Ⅱ
		斑尾榛鸡	*Tetrastes sewerzowi*	Ⅰ
		雪鸡(所有种)	*Tetraogallus* spp.	Ⅱ
		雉鹑	*Tetraophasis obscurus*	Ⅰ
		四川山鹧鸪	*Arborophila rufipectus*	Ⅰ
		海南山鹧鸪	*Arborophila ardens*	Ⅰ
		血雉	*Ithaginis cruentus*	Ⅱ
		黑头角雉	*Tragopan melanocephalus*	Ⅰ
		红胸角雉	*Tragopan satyra*	Ⅰ
		灰腹角雉	*Tragopan blythii*	Ⅰ
		红腹角雉	*Tragopan femminckii*	Ⅱ
		黄腹角雉	*Tragopan caboti*	Ⅰ
		虹雉(所有种)	*Lophophorus* spp.	Ⅰ

鸡形目 GALLI-FORMES	雉科 Phasianidae	藏马鸡	*Crossoptilon harmani*	Ⅱ
		蓝马鸡	*Crossptilon auritum*	Ⅱ
		褐马鸡	*Crossoptilon mantchuricum*	Ⅰ
		黑鹇	*Lophura leucomelanos*	Ⅱ
		白鹇	*Lophura nycthemera*	Ⅱ
		蓝鹇	*Lophura swinhoii*	Ⅰ
		原鸡	*Gallus gallus*	Ⅱ
		勺鸡	*Pucrasia macrolopha*	Ⅱ
		黑颈长尾雉	*Syrmaticus humiae*	Ⅰ
		白冠长尾雉	*Syrmaticus reevesii*	Ⅱ
		白颈长尾雉	*Syrmaticus ellioti*	Ⅱ
		黑长尾雉	*Syrmaticus mikado*	Ⅰ
		锦鸡(所有种)	*Chrysolophus spp.*	Ⅱ
		孔雀雉	*Polyplectron bicalcaratum*	Ⅰ
		绿孔雀	*Pavo muticus*	Ⅰ
鹤形目 GRUIFORMES	鹤科 Gruidac	灰鹤	*Grus grus*	Ⅰ
		黑颈鹤	*Grus nigricollis*	Ⅰ
		白头鹤	*Grus monacha*	Ⅱ
		沙丘鹤	*Grus canadensis*	Ⅰ
		顶鹤	*Grus japonensis*	Ⅱ
		枕鹤	*Grus vipio*	Ⅰ
		白鹤	*Grus leucogeranus*	Ⅰ
		赤颈鹤	*Grus antigone*	Ⅱ
		蓑羽鹤	*Grus virgo*	Ⅱ
	秧鸡科 Rallidae	长脚秧鸡	*Vrex crex*	Ⅱ
		姬田鸡	*Porzana parva*	Ⅱ
		棕背田鸡	*Porzana bicolor*	Ⅱ
		花田鸡	*Cotrunicops exquisitus*	Ⅱ
	鸨科 Otiade	鸨(所有种)	*Otis spp.*	Ⅱ
鸽形目 COLUMBI-FORMES	鸠鸽科 Columbidae	绿鸠(所有种)	*Treron spp.*	Ⅰ
		黑颏果鸠	*Ptilinopus leclancheri*	Ⅱ
		皇鸠(所有种)	*Ducula spp.*	Ⅱ

		斑尾林鸽	*Columba palumbus*	Ⅱ
		鹃鸠(所有种)	*Macropygia spp.*	Ⅱ
鹦形目 PSITTACI-FORMES	鹦鹉科(所有种)Psittacidae			Ⅱ
鹃形目 CUCULI-FORMES	鸦鹃科 Centropodidae	鸦鹃(所有种)	*Centropus spp.*	Ⅱ
鸮形目(所有种) STRIGI-FORMES				Ⅱ
雨燕目 APODI-FORMES	雨燕科 Apodidae	灰喉针尾雨燕	*Hirundapus cochinchinensis*	Ⅱ
	树燕科 Hemiprocnisae	凤头树燕		Ⅱ
咬鹃目 TROGONI-FORMES	咬鹃科 Trogonidae	橙胸咬鹃	*Harpactes oreskios*	Ⅱ
佛法僧目 CORACI-IFOEMES	翠鸟科 Alcedinidae	蓝耳翠鸟	*Alcedo meninting*	Ⅱ
		鹳嘴翡翠	*Halcyon capensis*	Ⅱ
	蜂虎科 Meropidae	栗头蜂虎	*Merops leschenaulti*	Ⅱ
		绿喉蜂虎	*Merops orientalis*	Ⅱ
	犀鸟科(所有种) Bucerotidae			Ⅱ
䴕形目 PICIFORMES	啄木鸟科 Picidae	白腹黑啄木鸟	*Dryocopus javensis*	Ⅱ
雀形目 PASSERI-FORMES	阔嘴鸟科(所有种) Eurylaimidae			Ⅱ
	八色鸫科(所有种) Pittidae			Ⅱ

爬行纲 REPTILIA

龟鳖目 TESTUDOFORMES	淡水龟科 Bataguridae	地龟	*Geoemyda spengleri*	Ⅱ
		三线闭壳龟	*Cuora trifasciata*	Ⅱ
		云南闭壳龟	*Cuora yunnanensis*	Ⅱ
	陆龟科 Testudinidae	四爪陆龟	*Testudo horsfieldi*	Ⅰ
		凹甲陆龟	*Manouria impressa*	Ⅱ

龟鳖目 TESTUDOFORMES	海龟科 Cheloniidae	蠵龟	*Caretta caretta*	Ⅱ
		海龟	*Chelonia mydas*	Ⅱ
		玳瑁	*Erctmochelys imbricata*	Ⅱ
		丽龟	*Lepidochelys olivacea*	Ⅱ
	棱皮龟科 Dermochelyidae	棱皮龟	*Dermochelys coriacea*	Ⅱ
	鳖科 Trionychidae	鼋	*Pelochelys cantorii*	Ⅰ
		山瑞鳖	*Palea steindachneri*	Ⅱ
蜥蜴目 LACERTIFORMES	壁虎科 Gekkonidae	大壁虎	*Gekko gecko*	Ⅱ
	鳄蜥科 Shinisauridac	鳄蜥	*Shinisaurus crocodilurus*	Ⅰ
	巨蜥科 Varanidae	巨蜥	*Varanus salvator*	Ⅰ
蛇目 SERPENTIFORMES	蟒科 Boidae	蟒蛇	*Python molurus*	Ⅰ
鳄目 CROCODILIFORMES	鼍科 Alligatoridae	扬子鳄	*Alligator sinensis*	Ⅰ

两栖纲 AMPHIBIA

有尾目 CAUDATA	隐鳃鲵科 Cryptobranchidac	大鲵	*Andrias davidianus*	Ⅱ
	蝾螈科 Salamandridae	细痣棘螈	*Echinotriton asperrimus*	Ⅱ
		镇海棘螈	*Echinotriton chinhaiensis*	Ⅱ
		贵州疣螈	*Tylototriton kweichowensis*	Ⅱ
		大凉疣螈	*Tylototriton taliangensis*	Ⅱ
		红瘰疣螈	*Tylototriton shanjing*	Ⅱ
无尾目 *ANURA*	蛙科 Ranidae	虎纹蛙	*Rana rugulosa*	Ⅱ

鱼纲 PLSCES

鲈形目 PERCIFORMES	鲟形目 ACIPENSERIFORMES	黄唇鱼	*Bahaba taipingensis*	Ⅱ
形目 SCORPAENIFORMES	杜父鱼科 *Cottidae*	松江鲈鱼	*Trachidermus fasciatus*	Ⅱ
刺鱼目 GASTEROSTEIFORMES	海龙科 Syngnathidae	克氏海马鱼	*Hippocampus kelloggi*	Ⅱ
鲤形目 CYPRINIFORMES	胭脂鱼科 Catostomidae	胭脂鱼	*Myxocyprinus asiaticus*	Ⅱ

鲤形目 CYPRINIFORMES	鲤科 Cyprinidae	唐鱼	*Tanichthys albonubes*	Ⅱ
		大头鲤	*Cyprinus pellegrini*	
		金线＊指名亚种	*Sinocyclocheilus grahami grahami*	Ⅱ
		扁吻鱼	*Aspiorhynchus laticeps*	Ⅰ
		大理裂腹鱼	*Schizothorax taliensis*	Ⅱ
鳗鲡目 ANGUILLIFOMES	鳗鲡科 Anguillidae	花鳗鲡	*Anguilla marmorata*	Ⅱ
鲑形目 SALMONIFORMES	鲑科 Salmonidae	四川哲罗鱼	*Hucho bleekeri*	Ⅱ
		秦岭细鳞鲑	*Brachymystax lenok tsinlingensis*	Ⅱ
鲟形目 ACIPENSERIFORMES	鲟科 Acipenseridae	中华鲟	*Acipenser sinensis*	Ⅱ
		达氏鲟	*Acipenser dabryanus*	Ⅰ
	匙吻鲟科 Polyodontidae	白鲟	*Psephurus gladius*	Ⅰ Ⅰ

文昌鱼纲 APPENDICULARIA

文昌鱼目 AMPHIOXIFORMES	文昌鱼科 Branchiostomatidae	文昌鱼	*Branchiostoma belcheri*	Ⅱ

珊瑚纲 ANTHOZOA

柳珊瑚目 GORGONACEA	红珊瑚科 Coralliidae	红珊瑚	*Corallium spp*	Ⅰ

腹足纲 GASTROPODA

中腹足目 MESOGASTROPODA	宝贝科 Cypraeida	虎斑宝贝	*Cypraea tigris*	Ⅱ
	冠螺科 Cassididae	冠螺	*Cassis cornuta*	Ⅱ

瓣鳃纲 LAMELLIBRANCHIA

异柱目 ANISOMYARIA	珍珠贝 PteriidaeCypraeida	大珠母贝	*Pinctada maxima*	Ⅱ
真瓣鳃目 EULAMELLIBRANCHIA	砗磲科 Tridacnidae	库氏砗磲	*Tridacna cookiana*	Ⅰ
	蚌科 Unionidae	佛耳丽蚌	*Lamprotula mansuyi*	Ⅱ

头足纲 CEPHALOPODA

四鳃目 TETRABRANCHIA	鹦鹉螺科 Nautilidae	鹦鹉螺	*Nautilus pompilius*	Ⅰ

昆虫纲 INSECTA

双尾目 DIPLURA	铗虮科 Japygidae	伟铗虮	*Atlasjapyx atlas*	Ⅱ
蜻蜓目 ODONATA	箭蜓科 Gomphiade	尖板曦箭蜓	*Heliogomphus retroflexus*	Ⅱ
		宽纹北箭蜓	*Ophiogomphus spinicorn*	Ⅱ
缺翅目 ZORAPTERA	缺翅虫科 Zorotypidae	中华缺翅虫	*Zorotypus sinensis*	Ⅱ
		墨脱缺翅虫	*Zorotypus medoensis*	Ⅱ
蛩蠊目 GRYLLOBLATTODEA	蛩蠊科 Grylloblattidae	中华蛩蠊	*Galloisiana sinensis*	Ⅰ
鞘翅目 COLEOPTERA	步甲科 Carabidae	拉步甲	*Carabus (Coptolabrus) lafossei*	Ⅱ
		硕步甲	*Carabus (Apotopterus) davidi*	Ⅱ
	臂金龟科 Euchiridae	彩臂金龟(所有种)	*Cheirotonus* spp.	Ⅱ
	犀金龟科 Dynastidae	叉犀金龟	*Allomyrina davidis*	Ⅱ
鳞翅目 LEPIDOPTERA	凤蝶科 Papilionidae	金斑喙凤蝶	*Teinopalpus aureus*	Ⅰ
		双尾褐凤蝶	*Bhutanitis mansfieldi*	Ⅱ
		三尾凤蝶	*Bhutanitis thaidina*	Ⅱ
			dongchuanensis	Ⅱ
		中华虎凤蝶	*Luchdorfina huashancnsis*	Ⅱ
	绢蝶科 Parnassidae	阿波罗绢蝶	*Parnassius apollo*	Ⅱ

肠鳃纲 ENTEROPNEUSTA

	柱头虫科 Balanoglossidae	多鳃孔舌形虫	*Glossobalanus polybranchioporus*	Ⅰ
	玉钩虫科 Harrimaniidae	黄岛长吻虫	*Saccoglossus hwangtauensis*	Ⅰ

注：标“*”者，由渔业行政主管部门主管；未标“*”者，由林业行政主管部门主管。